YAKUZA and Petrodollar

ヤクザとオイルマネー

経済評論家
渡邉哲也
×
元山口組系組長/評論家
猫組長

石油で250億円稼いだ元経済ヤクザが手口を明かす

徳間書店

ヤクザとオイルマネー

石油で250億円稼いだ元経済ヤクザが手口を明かす

はじめに

政治と経済は表裏一体であり、政治も経済も裏と表で動いている。そして、それらは人が動かしているのだ。「経済は生き物である」と言われるゆえんは人が動かしているからであり、感情や欲という不確定要素が含まれているからである。だから、経済を単純な数式や数字だけで判断はできない。人の活動には表と裏が存在し、表だけを見ていてもまったく意味をなさないわけだ。私は、偉い学者先生の経済予測が当てにならない原因はここにあるのだと思っている。

人を動かす最大の原動力は欲であり、欲があるところに金が集まり、金のあるところには裏も表も関係なく人が集まる。当然、そこでは大小さまざまな衝突が起こり、それを解決する人と手段が必要になる。表の手段で解決するのが国家なり政府という権力であり、裏の手段で解決するのがヤクザなど暴力装置を持った集団なのだと思う。そのヤクザにも暴力装置の存在を示しながら表で商売をする人と、裏であと片づけをする人が存在する。

今回で2度目の対談になるが、猫組長さんは、前者の典型であり、裏社会の金と権力を利用しながら、表で生業を続けてきた方である。

今は所属していた組織から身を引き、表社会で生業を立てている人だが、当事者でなければ知りえない蓄積した知識と経験があり、それを多くの人に知ってもらいたく思い、私から再度の対談をお願いしたのが本著作成の経緯だ。私が聞き手と解説役に回ることで、彼の知見を最大限引き出したつもりである。

猫組長さん本人から語られた中東での活動は、さながらスパイ小説の主人公であり、現在の国際的な裏社会の実態をもあぶり出すものでもある。それが表裏一体のビジネスとして、世界経済の一翼を担ってきたのも間違いのない事実なのだ。そうした裏社会の活動を規制し取り締まりを強化することが、米国をはじめとした国際的な規制当局のトレンドであり宿願となっているわけである。いつも言うことであるが「お金は正直である」。どんな理想やきれいごとを言っても、お金は真実をあぶり出す。お金が動けばそこには足跡が残り、人のつながりや何をしたかが見えてくる。テロとの戦いのために、これを分析しお金の流れを遮断することが今行われており、さらに強化拡大されようとしているわけだ。

当然の話であるが、表社会から排除された存在は裏の社会で生きるしかない。米国をはじめとしたキリスト教国に目の敵にされているISなどのイスラム系テロ組織や、過激派等の革命組織がその典型である。そして、彼らが活動を維持できる最大の理由は、中東で石油が採れるからであり、それが大きな資金源になっているのも間違いのないところだ。その経済活動には世界中の闇社会が関わっており、世界第3位の経済力を持つ日本のヤクザもその一端を担っていたわけである。だからこそ、米国は「YAKUZA」をテロ組織として認定し、米国の支配する世界から排除しようとしているわけである。

この国際社会の大きな一連の流れの中で、日本の規制当局も動き始めている。九州のヤクザ組織・五代目工藤會は金の流れを断ち切られたことで、福岡県警による「壊滅作戦」が現実の成果になっている。また、日本最大のヤクザ組織・六代目山口組が15年8月に神戸山口組と分裂、さらにその神戸山口組が今年4月に任侠山口組と分裂し、「山口組」が弱体化していることが明らかになっている。

今年の国会で最大の課題となった「テロ等準備罪」は、ヤクザ組織だけではなく、過激派やカルト教団も含めた、いわゆる反社会団体への規制を強化するための法律であり、テロとの戦いを主導する国連薬物犯罪事務所（UNODC）や、OECDのマネーロンダリングに関する金融活動作業部会（FATF）の強い要請によるものだったのだ。

本書は、一般の人が知ることができない中東問題とヤクザの実態、オイルマネーと金融ビジネス、そして、それを規制する現在までの当局の対応と今後の世界の流れを猫組長さんの実体験を元に解説したものである。ビジネスの基礎になる生きた知恵を学ぶ意味でも、中東やアンダーグラウンドマネーを知る意味でもご一読いただければ幸いである。

２０１７年９月

渡邉哲也

目次

CONTENTS

第四章 経済ヤクザと巨額ペトロダラー

第五章 射殺！ 任侠山口組 共謀罪vs暴力団……153

第六章 地下経済から見える世界情勢の現在……221

book design
HOLON

第一章

黒い経済学が北朝鮮クライシスの正体を暴く

9・3「水爆実験成功」

渡邉　２０１７年に入り、北朝鮮とアメリカとの関係が一気に悪化しています。今年1年で北朝鮮は14回にわたるミサイル発射実験を行い、９月３日には通算６回目となる核実験を行いました（9月13日まで）。今春から「起きうるかもしれない」と言われていた、朝鮮戦争の再開が現実化しようとさえしているほど緊張感が高まっています。今回の北朝鮮危機には、本書のテーマそのものが含まれているのですが、まずこの状況を招いた正体について考えていきたいと思います。

金正日氏が総書記だった時代から、北朝鮮は意図的に緊張感を高めることで相手の譲歩を引き出す瀬戸際外交を繰り広げてきました。あくまでも一線を越えない形で国際社会での孤立を防ぎ、諸外国からお金や資金、物資などを恵んでもらうようにしてきたのです。金正日体制では北朝鮮と深い関わりを持っていた中国と、ロシアが主な友好国。北朝鮮にとっての敵国であるアメリカとは、核放棄を交渉材料にして制裁解除や援助を引き出し、日本も北朝鮮の自由化のために支援したことがありました。しかし、現在の金正恩体制を見ると、この15年近くに及ぶ北朝鮮を普通の国家にしようとする試みは完全に失敗に終わったと言えるでしょう。具体的に流れを整理します。

02年ごろから核開発疑惑が噴出した北朝鮮ですが、その年にIAEA（国際原子力機関）の査察官を国外退去させ、03年には核拡散防止条約（NPT）からの脱退を一方的に宣言します。そこで同年8月から、中国・ロシア・北朝鮮・韓国・日本・アメリカによる、いわゆる「六カ国協議」が始まりました。協議は6回目を最後に停滞しましたが、08年10月11日、アメリカのオバマ政権は北朝鮮が六カ国協議への再度参加を条件に、北をテロ支援国家から外しました。しかしその後、金正日氏は六カ国協議にまともに参加しようとしないばかりか、核とミサイル、ロケットの開発を加速させていきます。

11年には金正日氏が死亡し金正恩氏が後継指名されますが、死亡発表当日にミサイル発射実験を行います。翌年からもミサイル、ロケットの発射実験は繰り返されるのですが、これを含めて諸外国への挑発をますますエスカレートさせるようになりました。今年2月12日には、アメリカのトランプ大統領と安倍晋三総理による日米首脳会談の最中に、ミサイルを発射しています。

挑発は日米に対してだけではなく、後ろ盾とも言える中国に対しても行われています。

13年にはナンバー2で北朝鮮と中国を結ぶキーマンだった張成沢氏を処刑して、中国とのパイプを断つ選択に出た金正恩氏ですが、中国の制止要請を一切受けつけることなくミサイル、ロケット、核などの開発を続けます。しかも北朝鮮が「水爆」と称する6回目の核実験を行った9月3日こそ、中国が主催して福建省で行ったＢＲＩＣｓ（新興5カ国）首脳会議の開催日。中国にとって最も大切な国交イベントの一つで、中国の国家主席である習近平氏のメンツは完全に潰されたことになったのです。

アメリカ大統領だったニクソン氏は、当時ソ連と核戦争をも辞さない「マッドマン」を演じて交渉をする自らの外交を「マッドマンセオリー」と名づけました。しかし国内外で敵味方を選ばず粛清や挑発を続ける金正恩氏が「マッドマン」を演じる優れた政治家なのか、越えてはいけない一線を本当に理解できていない「マッドマン」なのかは誰も知りえません。共産主義国家だったソ連、中国は終戦後約44年続いた東西冷戦においても核ボタンを押すことが一度もなかったのですから、独裁国家の傾向が極めて強い両国でさえリスクコントロールが効く政治システムになっていたと言えます。しかし、北朝鮮においては金正恩氏ただ1人の意思による政治システムです。正気かどうかわからない人物がＩＣＢＭと水爆を所有し、その発射ボタンを持つことは、世界にとって、悪夢としか言いようがない時代の始まりと言えるでしょう。

今回の核実験を受けて9月12日に国連安全保障理事会は、原則として各国が北朝鮮労働者の受け入れを禁止などの北朝鮮への追加制裁決議を全会一致で採択。初めて原油の輸出制限に踏み込みました。実は戦争というものは軍事力の行使によって始まるものではなく、金融・物資などに対する経済制裁から始まるのです。日本は1930年代後半から、アメリカ（America）、イギリス（Britain）、中華民国（China）、オランダ（Dutch）による貿易制限「ABCD包囲網」によって、石油・ガスなど資源を止められていき、戦争を仕かけざるをえない状況まで追い込まれていきました。決議では見送られたもののアメリカによる提案には石油の全面禁輸措置も盛り込まれており、戦前の日本とまったく同じことが、北朝鮮に起きる可能性があります。はたして北朝鮮は折れるのか、暴発するのか、猫組長の意見をお聞かせください。

元経済ヤクザだからわかる北朝鮮クライシスの正体

猫組長　なぜ北朝鮮がミサイルの発射をするのか。これには大きく2つの理由があります。

まず、アメリカとの直接交渉を引き出すことです。ヤクザが「いわす（殺す）ぞ！」「沈めたろか？」などと言葉にして脅している時は、実は安全なのです。一番怖いのは、「沈黙」で、それは何かを実行するサイン。北朝鮮もアメリカに沈黙されたくないので、ミサイルを発射して常に脅迫の言葉を引き出し続けているのです。一連の軍事的示威行動は、北朝鮮の防衛安全保障行動の一環なのです。

もう一つは、ミサイルの発射実験が最高のショーケースになっている点です。ＩＣＢＭは北朝鮮製の武器のフラグシップモデル。携帯電話の新型モデルと同じで、フラグシップモデルの性能を見て、北朝鮮製の武器を買いたいお客さんは「他の武器も良い性能に違いない」となります。しかも一回発射すれば世界中で報道してくれるし、各国の調査機関が性能まで割り出してくれる。ロシアは今年の１〜６月にガソリンやディーゼル燃料など石油製品の北朝鮮への輸出を、前年比で倍増させていたことが、露税関当局の資料から明らかになっています。この関係性を考えれば、北朝鮮製の武器はロシアン・マフィアを通じてお客さんに供給されることになるでしょう。

グローバリズムの中で、特にテレビ、あるいは冷蔵庫、洗濯機などの白物家電は部品を日本などの技術力のある先進国が作って、労働賃金の安い国が組み立てるＯＥＭ生産が普通になっています。北朝鮮のロケットは安価ですが、その部品の多くはロシア経由で入ってきます。具体的に言うとウクライナで、ウクライナは兵器製造の国でたくさんの工場があり、そこを仕切っているのもマフィアです。そこで作られた部品を北朝鮮に売って、北朝鮮がそれを元にミサイルなどに組み立てて、海外に売るという構造です。一連の朝鮮半島危機の水面下では、北朝鮮・ロシア・石油・武器・犯罪組織マフィアが連なっているのです。

ミサイル・核開発技術の地下ネットワーク

渡邉　北の核ミサイルですが、このミサイル開発技術や核の開発技術も北朝鮮一国だけで行っていたということではなく、パキスタン、イランと共同で行われてきた経緯があります。80年代に北朝鮮はイランに武器輸出をしており、イランの中距離ミサイル「シャハブ3」は北朝鮮のノドンを元に開発されたものとされています。一方で、80年代末にパキスタンは中国のミサイルと同じものを生産していたのですが、米中関係の影響で中国が手を引きます。その後のパキスタンにミサイル開発技術を提供したのが北朝鮮で、パキスタンでは「ノドン」を元に「ガウリ」というミサイルが開発されます。そのパキスタンには「核兵器開発の父」と呼ばれる、カーン博士がおり98年に核実験に成功していますが、ミサイル技術の見返りに北朝鮮に核開発技術を渡したとされています。

そして17年に北朝鮮はICBM（大陸間弾道弾）「火星14」を2回発射、成功させています。シカゴまで射程に入る「火星14」の開発には、ウクライナから入手した技術が転用されていると考えられています。戦争や紛争が起こらなければウクライナなどの兵器工場も困るので、北朝鮮に部品を供給して工場を稼働させているということでしょう。

猫組長　ミサイル開発と核開発技術を巡る多国間地下ネットワークができているということでもあります。そうしたネットワークについてはもう一つエピソードがあります。ハイテク化した武器の中にはGPSを使うものが多くあります。

渡邉　冷戦時代はCOCOM（対共産圏輸出統制委員会）が電子部品の輸出などを厳しく監視していましたが、ソ連崩壊に伴い1994年に解散。新COCOMとしてワッセナー・アレンジメントというのがありますが、紳士協定で法的拘束力を持たない。現在のCOCOMに相当する輸出の規制は、ミサイル技術管理レジーム（MTCR）などで、GPS受信機は「航法装置」として輸出規制されている品目の一つです。

猫組長　ところが、ミサイルなどの誘導装置に使うＧＰＳ受信機では三菱製が一番優秀だったので、世界中のミサイル開発に三菱製ＧＰＳ受信機が使われていた時期がありました。過去形にするのは私が今の状況を知らないからで、少なくとも２００６年に三菱製ＧＰＳ受信機の需要はアンダーグラウンドでピークになっていました。

ちょうどこの時期に、中国人やロシア人が日本に来て、三菱製のカーナビを買い漁っています。地図ソフトとセットでなければカーナビは機能しないので外国で日本製カーナビは使えないはずですが、爆買いの理由はＧＰＳ受信機。直接輸出できないのでカーナビを買って、そこから抜き出していたのです。

同じことはドバイでも起こっていました。06年当時にドバイには大量の盗難車が日本から輸出されていたのですが、カーナビが付いているものがほとんどです。同じ盗難車でも「三菱製ＧＰＳが入っているナビーゲション付きなら高く売れる」と言われていました。その理由はまさにＧＰＳ受信機。だからドバイに車が来ると、三菱のＧＰＳ受信機が使われているカーナビは外されて別に高額で売買されるのです。

渡邉　この種のトピックでは裏側の動きで、見えない表の動きが良く理解できますね。「規制」というのはアンダーグラウンドに対する表社会の武器ですが、この規制が莫大な資金を生み出すのです。麻薬、武器、児童ポルノ……禁制品が儲かるのは禁酒法時代から変わらないのです。

猫組長　しかも、親切に発表してくれるのですから、みんなそれを探すのです。「遠心分離機が規制されているって」「何に使うの？」「核開発らしいよ」「買ってくれるならどうでもいいわい」こんな感じなのです。

北朝鮮がアメリカと絶えず交渉する別の大きな理由は、保有しているドルを守りたいというものだと考えます。本書のテーマである石油はほぼドルでしか取引できません。武器もドルでしか決済できないのです。つまりドルこそが北朝鮮の生命線なのです。

国際送金システムＳＷＩＦＴからの追放

渡邉　北朝鮮のドルといえば、偽ドル札「スーパーノート」が有名ですね。

猫組長　北朝鮮製の偽札の中で本物と見分けがつかないと呼ばれるのが「スーパーノート」と呼ばれる偽札。それも「ＳＥＲＩＥＳ　１９９２」と刻印されたもので、２００１年の９・11の後、香港で出回りました。あまりに精巧なためアメリカが、自分のところで刷った本物の「ＳＥＲＩＥＳ　１９９２」（92年発行）の紙幣番号の一部を無効にしたとされています。

で、北朝鮮はこれを香港にあるバンコ・デルタ・アジアを使って本物と換金していたのです。それに使われたのが、国際送金でお馴染みのＳＷＩＦＴ（スイフト＝国際銀行間通信協会）。ＳＷＩＦＴは１９７３年にベルギー王国のブリュッセルに設立された共同組合形式の団体なのですが、ＳＷＩＦＴ送金は海外送金の一種でＳＷＩＦＴ海外送金ネットワークを用いて行われます。

ＳＷＩＦＴ送金は現ナマを動かすわけではなく、テキストメッセージで送金を行っているわけです。例えば、日本からアメリカへ送金する時は、普通だったらＭＴ１０３という書式のメッセージが送られます。送られるのは金額などのテキストだけですから決済しないといけないのですが、その決済をしているのが、ＳＷＩＦＴという機関なのです。

北朝鮮が行ったのは、まず本国からバンコ・デルタ・アジアにスーパーノートを移送すること。そこからＳＷＩＦＴ送金でアメリカに送金手続きをします。するとテキストデータがアメリカの口座に送られるので、そこからアメリカにいる工作員が引き出して現金化します。あとはバンコ・デルタ・アジアがＳＷＩＦＴに偽ドルを使って決済すれば極めて安全に正規のドルを入手できると、こういう仕組みです。これなら100万ドル単位でもロンダリングが可能なわけです。小口で使っていたのがカジノで、カジノの客にすり替えていたのです。

渡邉　確かにバンコ・デルタ・アジアは一部カジノ銀行でした。

猫組長　一部の人は北朝鮮の「スーパーノート」を、「CIAの情報戦略だ」とか「コストが合わないから嘘だ」と言いますが、私は売買の現場に立ち会ったことがあります。

バンコ・デルタ・アジアの制裁後も「SERIES　1992」の偽ドル札は、中国経由で陸路やメコン川を使ってラオスに運ばれていました。ラオスは外国為替管理制度が厳密ではなく、申告せずに大量の現金を持ち込むことが可能です。ラオスにプールされた偽ドル札は、ラオスに接するタイのノーンカーイ県の国境を越えてタイに運ばれるのです。私たちが行ったのはタイにある拠点で、経営者はアメリカ人。そこに運び込まれた偽ドルは、アジア中の両替商に売られるのです。

渡邉　日本は国交がないから理解しにくいのかも知れませんが、北朝鮮と国交を結んでいる国はかなりあって、インドネシア、シンガポール、タイ、フィリピン、マレーシア、ブルネイ、ベトナム、ミャンマー、ラオス、カンボジアのASEAN10カ国とは国交があります。国交のない日本にも拠点があるくらいですから、国交のあるそれらの国には拠点があるわけです。北朝鮮の人が多く住む集落、北朝鮮レストランなどがあり、そこが工作員や諜報員の基地になるわけです。２０１７年2月にマレーシアで金正男氏が殺された時も、実行犯の他に北朝鮮籍の人間が容疑者として浮上しました。

猫組長　北朝鮮と関係することが得か損かというところなのです。本物にしか見えない偽ドルは、本物のドルより格安で取引されます。アジアには街中にきちんとライセンスを持っている両替商がたくさんいて、そうした人たちが小口の両替に「ディスカウントドル」(偽ドル)を使えば、儲かりますよね。両替された偽ドルはいつかアメリカに行って、銀行で回収されるのですから、北朝鮮としては勝手にマネーロンダリングができているということになります。

渡邉　バンコ・デルタ・アジアは北朝鮮による偽アメリカドル札疑惑を追及してきた米財務省が、２００５年9月「マネーロンダリングに関与した疑いの強い金融機関」としてブラックリストに入れました。

北朝鮮には、存命時の金正日氏直属の「朝鮮労働党39号室」という麻薬密売、通貨偽造、偽造タバコ密売等の不法活動を指揮する機関があります。アメリカはバンコ・デルタ・アジア内の北朝鮮関連とされる52の口座、２５００万ドルを凍結しましたが、それらは「朝鮮労働党39号室」に関連した口座や、金正日の個人口座も含まれていたとされています。

猫組長　バンコ・デルタ・アジアが制裁対象となり、07年にはアメリカの送金手続きが全部停止となりました。これにより北朝鮮の国際金融ルートの裏側が凍結されたわけですが、03年からの核開発問題を巡る六カ国協議に参加している見返りにアメリカは金融制裁の一部にお目こぼしを与えてあげていたのです。その一つがロシアへの送金でした。ロシアには北朝鮮の貿易会社が口座を持っていて、北朝鮮はバンコ・デルタ・アジア後はここを使って海外送金の基地にしていたのです。ロシアン・マフィアを仲介者とした、武器・麻薬とドルの取引で、アメリカもわかっていたのですが、ここはお目こぼしにしたと。

　ところが今年3月17日に、ＳＷＩＦＴがサービスを北朝鮮の全銀行に提供することを停止することが明らかになりました。裏を返せば、ここまで北朝鮮の銀行は海外送金をできていたということです。アメリカをはじめとする国際社会のお目こぼしがついに遮断されたわけですね。このＳＷＩＦＴの金融制裁以降、9月3日まで11回ものミサイル発射実験を行っています。２０１６年は年間で5回ですから、異常なデモンストレーションと言えるでしょう。

2017年北朝鮮ミサイル発射実験

9月3日 6回目の核実験	
8月29日	弾道ミサイル「火星14」を発射
8月26日	短距離ミサイルを3発発射
7月28日	弾道ミサイル「火星14」発射
7月4日	弾道ミサイル発射
6月8日	地対艦ミサイル数発を発射
5月29日	弾道ミサイル発射
5月21日	弾道ミサイル発射。「北極星2型」とされる
5月14日	弾道ミサイル「火星12」を発射
4月29日	弾道ミサイル発射。失敗
4月16日	弾道ミサイル発射。失敗
4月5日	弾道ミサイル発射。失敗
3月22日	弾道ミサイル発射。失敗
3月17日 ＳＷＩＦＴが北朝鮮の全銀行へのサービス停止を決定	
3月6日	中距離弾道ミサイル「スカッドER」を4発発射
2月12日	新型弾道ミサイル「北極星2型」発射

(9月13日まで)

2016年北朝鮮ミサイル発射実験

9月5日	中距離弾道ミサイル「ノドン」3発発射
8月24日	潜水艦発射弾道ミサイル(SLBM)発射
6月22日	中距離弾道ミサイルを2発発射。「ムスダン」とされる
4月23日	潜水艦発射弾道ミサイル(SLBM)発射
2月7日	長距離弾道ミサイル「テポドン2改良型」発射

当初、ミサイル実験は金融制裁とほぼ同時に始まった米韓軍事演習に対する威嚇とも言われていました。というのは、09年、米韓軍事演習の時に当時トップだった金正日氏をステルス機で直接威嚇したことで、北朝鮮がこの軍事演習を恐れているとされているからです。武器決済はドルが支配しているのですから、ＳＷＩＦＴから締め出された今、自国産の武器でドルを稼ぎたい北朝鮮がＰＲの回数を増やすのは自然な流れとも言えます。

核開発と核市場を唯一独占している国

猫組長　９月３日に北朝鮮が核実験を行いましたが、現在の世界情勢から考えると諸外国で核実験はほとんどできない状況です。あのアメリカも臨界前核実験に切り替えて、爆発させずに核兵器の品質を維持しているほどです。この地球上で、そうした非難を一切気にせずに核実験を行える唯一の国が北朝鮮なのです。シビアな言い方をすれば、核開発は北朝鮮の独占分野となっているのです。第三諸国に核爆弾を流出させれば世界中から非難され、激しい経済制裁を受けるわけですが、それに耐えられるのもすでにこれ以上ないほど厳しい制裁を課せられている北朝鮮ただ一カ国。核マーケットは北朝鮮が独占している状態なのです。イランをはじめとして欲しい国はたくさんあると思いますよ。ミサイルまでは共同で技術開発していた関係ですし、何よりイランは産油国です。

核拡散によってアメリカ自身も危機にさらされる可能性もある中、空爆によって金正恩体制を崩壊させられない理由は、統一資金の問題にあるとされています。東西ドイツが統一した時にいくらお金がかかったのかという話があります。ドイツの場合、西が東を吸収する形だったのですが、この時、西側の社会保障やインフラなどを東側に合わせなければならなかったので莫大な費用がかかったのです。ドイツの主要4経済研究所の一つハレ経済研究所は09年に、1兆3000億ユーロ（現在のレートで、約170兆円）かかったと発表し、14年にはベルリン大学の教授が2兆ユーロ（現在のレートで、約260兆円）かかったと発表しました。いずれにせよ天文学的な数字です。

そこで韓国が北朝鮮を吸収する形で南北統一した場合ですが、11年に韓国統一省が必要なお金について「30年に統一すると事前に約53兆円、事後に約184兆円かかる」としました。実に約237兆円ものお金がかかります。ドイツは東西統一の経済負担に耐えられましたが、あの韓国に耐えられるはずがありません。誰も負担したくないということで、アメリカとしても北朝鮮を崩壊させる形の南北統一は避けたいわけです。

そういう状況を北朝鮮もわかっていて、実際に空爆されないギリギリの線を探りながら、ミサイル実験で営業活動をしているのが北朝鮮クライシスの正体なのです。

半島激震で揺れる中国内政

猫組長　独立系の小さな組織が、大きな組織と渡り合って生き残ることがヤクザの世界でもあるのですが、この時独立系の組織は他組織の動きを見ながら巨大組織と戦うわけです。中国にしてもロシアにしても、世界で存在感を示せるのは北朝鮮をコントロールできるということですから、おとなしいよりは少々暴れてくれた方が助かるわけです。暴れる舎弟を「まぁまぁ待てや、その返にしとけや」言うてなだめるスタイルでしょ（笑）。

渡邉　とはいえ、親分に当たる中国にとって北朝鮮情勢は外交問題だけではなく内政問題に発展するリスクを含んでいます。私たちの多くは中国を中国共産党による一党独裁体制として見ていますが、実はその共産党は大きく分けて３つの派閥があり、一枚岩ではないのです。

まず団派と言われる派閥ですが中国共産主義青年団派の略で、共青団と呼ばれることもあります。団派は前国家主席の胡錦濤氏が作ったとされ、グローバリストによるエリート組織で北京政府の中核をなしてきた派閥です。もう一つが、上海幇（ばつ）で、胡錦濤氏の一つ前の国家主席、江沢民氏が作ったことから江沢民派とも呼ばれます。さらに太子党と呼ばれる派閥は、中国共産党の幹部の子弟グループです。これらはともに相対立していて、中国国内は三国志の時代と変わらない構図になっています。

現在の国家主席である習近平氏は太子党の支持を得ていますが、反習近平派と言われているのが、かつて瀋陽軍区と呼ばれた人民解放軍の軍区です。人民解放軍は7軍区に分かれていたのですが、瀋陽軍区が担当していたのは中国北東部、つまり北朝鮮と接しているエリア。朝鮮半島有事が発生した場合、瀋陽軍区が対応するとされていました。2016年に人民解放軍は再編されて、現在は北部戦区と名前を変えましたが、ここが中国の人民軍の歩兵7割を抱える最大の戦区となっています。人民解放軍とは、中国という国家がコントロールする軍ではなく中国共産党の私兵なのです。

軍区再編によって反習近平派は一掃されたという説もありますが、再編によって全員を入れ替えたわけではなく、トップを入れ替えただけなので反対勢力の一掃は完全に終わっていないのです。無理に変えようとすれば、中からクーデターが起きて危ないことになるということもあり、旧瀋陽軍区についてはほとんど手が付けられていないというのが現状のようです。習近平氏にとってさらに厄介なのは、旧瀋陽軍区が北朝鮮の軍部と非常に親しい関係にあるという点です。

猫組長　中国から北朝鮮への石油の供給はパイプラインを通じて行われていますが、このバルブを握っているのは中央政府ではなく、旧瀋陽軍区とされていますね。

渡邉　自由化したとはいえ、中国はいまだに共産主義国で企業体も国有企業を中心としたものです。民間企業に当たる中国の内資会社では、董事長、執行董事、総経理と呼ばれるポジションが経営のトップですが、この上に党委書記という立場の人がいて最大の権力を持っているのです。「党」はもちろん中国共産党ということです。

この構造を踏まえて考えなければならないのは、北朝鮮との貿易をしている企業が国境に面した瀋陽を中心とした企業グループという点です。この企業グループこそ、反習近平派である旧瀋陽軍区のお財布つまり資金源となっているのですが、先ほどの企業の構造で言えばその上には北京内の反習近平派がいるということになります。こうした取引の多くは貨幣を介在しない物々交換に近いものとされ、北朝鮮側はレアメタルや鉱石、中国側からは食料などの他に武器の部品を渡しているとされています。こうした部品を組み込んで武器にして海外に販売しているのですが、猫組長さんの指摘通り武器はドルで決済するので、中国の援助の元、北朝鮮がドルを入手している形になっていると言えるのです。

習近平氏にとって悩ましいのは、瀋陽軍区を潰せばいいという派閥と、やられまいとする旧瀋陽軍区という構図が、北朝鮮という火薬庫を軸にした中央政府の権力闘争と連なっている点です。北朝鮮のミサイルは日米だけに向けているのではなく、北京に向けることもできる。張成沢氏の処刑、中国政府の威信を傷つけるミサイル・核実験は、反習近平派の旧瀋陽軍区勢力が盟友である北朝鮮を利用して習近平氏を威嚇しているようにも見えます。

今年10月18日から、中共十九大（「中国共産党第十九次全国代表大会」の略）が北京で行われますが、今回は習近平氏にとっていよいよ中国共産党を全権掌握したことを示す非常に重要な大会です。したがって中国国内では権力争いが活性化しており、北朝鮮問題は単に国際社会の問題ではなく中国の内政ともリンクしているのです。半島の情勢次第では、今後の中国共産党の流れを変えるものになりそうなのです。

第二章

エネルギーと暴力

強大な暴力が「ドル」を基軸通貨にした

渡邉　朝鮮半島クライシスを裏側から見てきましたが、歴史的に見て社会というのは、ある意味表裏一体で、表社会ができないことを裏社会が行ってきたというのがこれまでの流れでしょう。しかし現在、表と裏を分断する力が強く働いている。１９９２年の「暴力団員による不当な行為の防止等に関する法律」、いわゆる「暴対法」施行とその後の改正、２０１１年の暴排条例の全国完備、そして17年にはメディアで共謀罪と報じられた「組織的犯罪処罰法改正案」が成立しました。日本では暴力団を代表とする裏社会と表社会の切り離しが大きな流れになっています。

何かを販売した時や、お金を貸した時に、回収できなければお金を貸したことが全く無意味になります。なので、飲食業などの小規模事業者は「ケツ持ち」と言われるような暴力団員に依頼をして、暴力を背景にして集金を行ってきた歴史がありました。これを身近な例としても、上場企業が暴力団に依頼して買収工作から身を守ったり、自らへのテロ攻撃の解決を暴力団に依頼するなど、経済と暴力というのはかなり長く連なってきたのです。

実は「経済と暴力」の関係は、社会の大きな構成単位の一つである「国家」でも同じです。アメリカのドルが強いとされる理由も、アメリカの圧倒的な武力を背景とした集金力にあると言えます。「覇権」と呼ばれるものは、他の追随を許さない圧倒的な経済力と、圧倒的な武力を背景とした支配力の2つがなければ成立しません。成立した覇権を維持するために必要な要素が、覇権国や覇権国の国民が一定の利益を恒常的に得る仕組みを作ること。アメリカはこれを実践しているのです。

表社会にとって暴力は自らに利益をもたらす方向で行使される限り都合の良い存在で、そういう関係性が裏社会が表社会に寄り添う形で生きてきた背景要因なのです。

猫組長　しかし、戦後の混乱期に戦勝国の不良外国人から日本人を守るなど、ある部分で社会に公共の福祉を提供していたヤクザの在り方は、サラ金、闇金、マルチ商法、振り込め詐欺などを通じて一般市民の経済を食い物にするようになり、単なる暴力団へと堕しました。ヤクザ組織に社会的罪悪の要素が強くなってきたのと同時に、表社会の治安維持能力も整備され、ヤクザは不要な存在と化したのです。

話を「国家」に戻せば、アメリカ経済が強い理由はやはり武力によるところが大きい。言ってみればアメリカ経済というのは「暴力の経済」なのです。アメリカは圧倒的な武力によって第二次大戦の戦勝国となり、ドルが基軸通貨になりました。戦後から今までドルが基軸通貨であり続けている理由の一つはアメリカの武力です。

基軸通貨であることがなぜ大事かというと、戦略物資の基本である石油はドルでないと買えませんし、石油がドルでしか買えないからドルは強い。だからアメリカは強いのです。あらゆる産業活動の基盤とも言える石油をドルが支配していることから、多くの資源取引は基本的にドル建てになっています。

渡邉　資源取引のベース、つまり価格を決定するのもアメリカの先物市場なのです。もちろん基本的に時価取引によって値段が決まる部分はあるのですが、その時価取引のベースになるのは、先物市場で出ている一種の指針的な価格です。ドル以外で資源を買える通貨があるとすれば、ユーロ、ほんのわずかな部分で円、ポンドですね。しかし、ドル支配は圧倒的でヨーロッパにおいてさえも資源取引に関してはドル建てであるために「ペトロダラー」という言葉があります。これこそが、価格決定や決済においてのドルの強大な力を表していることだと思います。

猫組長　英語で石油は「petroleum」（ペトロリアム）ですから、これにドルを付けて、「petrodollar」（ペトロダラー）。日本では「オイルマネー」という言葉が一般ですが、「ペトロダラー」というのが正式な「オイルマネー」の呼び方です。つまり石油＝ドルなのです。
国際取引では資源だけではなく、武器の決済もドル建てです。今の世界で武器は紛争国に対して売買されますが、中古の武器はマフィアが販売しています。特にロシア製のカラシニコフシリーズと、そのコピーモデルの販売はマフィアのビジネスなのですが、中古の武器を、紛争で敵対する両陣営に売るのです。そして紛争が終わったら回収して別な紛争国に持っていくというリサイクルも行っている。その流通決済は必ずドルです。

渡邉　石油、武器だけではなく、穀物の決済もドルですね。

猫組長　ゆりかごから墓場までありとあらゆる取引の多くがドル建てで決済されますが、その構造を担保しているのはやはりアメリカの武力なのです。アメリカは強いからドルが崩壊することはないという安心感が、アメリカドルの信用を生んでいるのです。

ヤクザが食んだ黒いダイヤモンド

渡邉　国際社会での武力と経済の関係が明らかになりましたが、国内に一度話を戻したいと思います。エネルギー政策と暴力団の関係を歴史的に解説していただきましょう。

猫組長　警察庁は、組織の成り立ちや収入源などに応じてヤクザ組織を博徒、的屋などに分類しています。そうしたカテゴリーの中に「炭鉱暴力団」というのがあり、昭和30年代まで大きな割合を占めていました。炭鉱ヤクザの始まりこそ、1915年（大正4年）に衆議院議員にまでなる吉田磯吉（1867－1936）です。

まずは世界でのエネルギー転換期の話から始めます。戦争は国家間の武力による経済活動ですが、戦争とは、イコールエネルギーの勝負なのです。18世紀から19世紀の石炭の世紀を主導したのはイギリスでした。しかし19世紀後半に石油が燃料や原料として使用され始め、ついに1912年に、イギリス海軍が石炭から石油へと燃料の転換を行います。1914年に始まった第一次大戦は、まさにイギリスが国家のエネルギー源を石炭から石油に切り替えた戦争だったわけです。第一次大戦の勝敗を決定づけたのは軍用機や、毒ガスといった新たなウェポンシステムではなく、石炭と石油だったわけです。ここで「石炭では勝てない、石油の時代だ」となり、戦争ばかりか世界のエネルギーも転換してしまった。

そういう意味で吉田磯吉は世界のエネルギーの転換期に生きた人物なのですが、ヤクザとして隆盛を極めたのは石炭の時代です。1868年の明治維新以降、日本で近代化のための新エネルギーとして注目されたのが石炭。石炭を燃やすことで経済を発展させて、産業が一気に勃興してきたわけです。

各地域、大都市では色んな産業が栄えましたが、その元になる石炭の最大産地の一つが筑豊炭田。当然、産地には一気に労働者が集まり混沌、つまりトマス・ホッブズ、ジョン・ロック、ジャン＝ジャック・ルソーらの言う自然状態となります。そこでは巨大な利権も生まれますし、同時に色んな犯罪も発生しました。

そうした混沌を抑えられる秩序はやはり暴力で、それをコントロールしたのが吉田磯吉です。磯吉は元々、石炭を運ぶ船の船頭だったのですが、あまりにも供給量が増えて、輸送が追いつかなくなってきたのです。生産から輸送の効率化が求められた時に、バラバラのパーツを一気にまとめ上げて親方になって、近代化を推し進め石炭のフィクサーになりました。

暴力の究極の形が戦争ですから、第一次大戦がエネルギー転換によって起きたということは、炭鉱街のようなミクロでも国家というマクロでも暴力とエネルギーが密接に関係しているということになります。

渡邊　第二次大戦に日本が参戦したのは、１９３０年代の日本に対する貿易制限「ＡＢＣＤ包囲網」が原因です。石油ばかりか、ガス、ゴムなど多くの資源の輸入を制限され、日本の産業を維持、発展させる生命線を分断されました。今で言う一種の金融制裁で、どんどん国は衰退していく。周囲を包囲されて、物資の補給路を全部止められた局面を打破するには、戦争で再び利権を取り戻すしかなかった。現在は中国が、九州を起点に沖縄↓台湾↓フィリピン↓ボルネオ島にいたる第一列島線と、伊豆諸島を起点に小笠原諸島↓グアム・サイパン↓パプアニューギニアにいたる第二列島線を設定しています。この補給路を維持するために、日本は戦争を行ったと言えるわけです。

猫組長　吉田磯吉が政治家になった1915年（大正4年）に神戸港の沖仲仕が集まって、初代山口組が初代山口組・山口春吉組長によって結成されます。この時期に産業発展、近代化による混沌が日本各地で同時に起こったことがこのことからもわかるでしょう。

炭鉱暴力団が昭和30年代まで警察資料にも載っていたということは、石炭というエネルギーが石油の転換で死滅したのではなく、生き残っていた証拠でもあります。いまだに火力発電では、石炭火力発電が世界で約4割、日本で約3割のシェアを占めています。

渡邉　中国では全発電の約8割弱が石炭を使ったものです。特に中国の場合、燃やす石炭に硫黄分が多いものですから、それが酸性雨の原因にもなっていますね。

猫組長　石炭は発電燃料としてまだ生きていますがそのほとんどは輸入です。炭鉱暴力団

国内炭・輸入炭供給量の推移

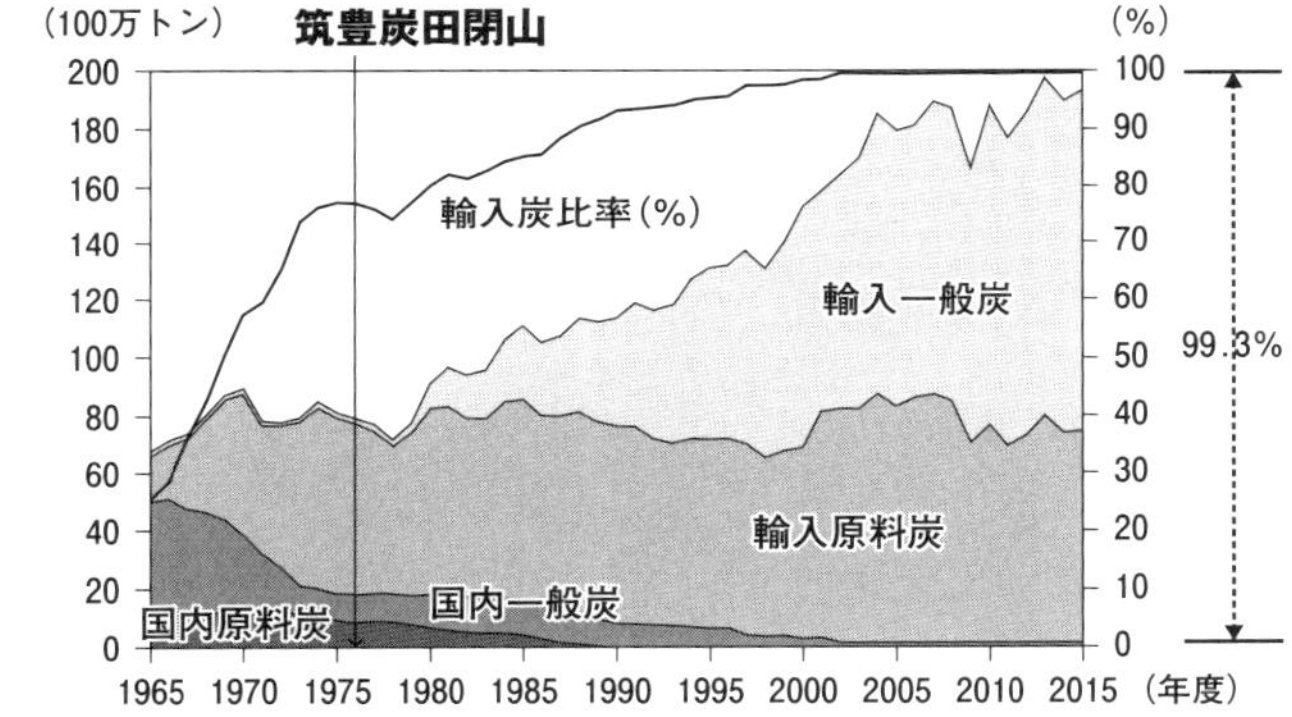

(注)国内一般炭には国内無煙炭、輸入一般炭には輸入無煙炭をそれぞれ含める。
出典:2000年度までは経済産業省「エネルギー生産・需給統計年報」、2001年度より財務省「日本貿易統計」、JCOAL「炭鉱別石炭生産月報」を基に作成。

が存在するためには生産活動が必要で、磯吉の筑豊炭田も1975年（昭和50年）には500あったすべての炭鉱が閉鎖されます。石炭の国内生産の減少により、炭鉱暴力団は消滅したわけです。

渡邉　炭鉱というのは非常に労働環境が悪いわけですが、そこに坑夫を集めてくるのにも暴力装置が必要なわけです。人材派遣業のことを古くは「口入れ屋」といいますが、これはヤクザの典型的な仕事の一つ。1936年に黒三発電所の建設に着工した時、掘るほどに地熱が上がり灼熱で異例の数の犠牲者が出ることになりました。しかし、その地獄に人を送り続けたのがヤクザでした。

石炭を国内産で一定量供給することが日本の生命線であり、国策としてずっとやってきたことでした。海外から石油を輸入するのは構わないのですが、特定の燃料の輸入比率を高めると、入ってこなくなった時のリスクが高くエネルギー安全保障を脅かすことになる。第二次大戦に参戦した反省もあり、石炭での発電を継続することでエネルギー生産の選択肢を増やしているのです。石炭とヤクザの関係においてもう一つ忘れてはいけないのが、第二次大戦以降の労働運動の隆盛です。労働組合が強くなってきて、炭鉱町に共産主義者が大量に入り始めたわけです。労働紛争というのが炭鉱でよく起きていたのですが、これを抑え込むのにも暴力装置が必要でした。

猫組長　労働運動とヤクザといえば、明治時代に遡ります。維新によって薩摩藩、長州藩が新政府の利権を握ります。その利権に与ることができなかった派閥が自由民権運動を起こすのですが、民衆の武装蜂起を指南したのは博徒でした。博徒の力を恐れた政府は与党化政策などを行い、1919年（大正8年）の大日本国粋会結成には、当時の原敬内閣が関与します。

間に入って両方から金を儲けるのは、ヤクザの基本です。ある時は労働者側に立ち、ある時は支配者側にも立つわけです。それは思想というより仕事。お金になる方に付くのではなく、調整してお金にするわけです。売り手と買い手の間に入るブローカーと同じで、ヤクザというのは敵対する間に入ってお金にするのです。

渡邉　戦後ですと1959年に起こった、三井三池争議もそうです。三井鉱山三池鉱業所の大量人員整理に反対して展開された労働争議で、労組側は約21億円の闘争資金と延べ約30万人の動員で支援されたとされています。労働三権などは憲法で保障されており警察権力で取り締まることはできません。最終的には、会社案を受け入れて終結したのですが、企業側が火消しとして使っていたのもヤクザでした。

地下で連なる資源と暴力団

猫組長　資源とヤクザの経済活動というのは親和性が高いのです。資源は需要が確実にあるのに供給によって余ったり不足が起きたり、価格の変動が大きい商品なのです。そういう意味で、覚せい剤と似ていますね(笑)。

だから多くのヤクザは資源を探しに行って、安いものを仕入れに行くのです。慢性的な不足が指摘されているシリコンウェハーですが、私の記憶では2007年ごろ不足が危機的になりました。その時、一気に世界中に原料を買いに走ったのはヤクザです、しかも大手上場企業の依頼を受けてですよ。みんな中国に行きました。

渡邉 シリコンウェハー生産は当時も現在も日本の2強、SUMCO（元三菱住友シリコン株式会社）と、信越化学工業の2社で世界シェアの1位になっています。3・11の東日本大震災の時には、SUMCOの生産設備が止まったおかげで世界中のシリコンウェハー不足が発生しましたね。

猫組長 その3・11の時、2日後にマレーシア、インドネシアなどに材木を買いに行ったのは、六代目山口組の系列組織の人たちでした。ベニア板が不足するので、山ごと買っていましたよ。ここがポイントでヤクザというのは、合法と違法のスレスレのところに高速道路を作る達人なのです。シリコンもそうなのですが、ニッケル、リチウムなどのレアメタルなどもヤクザの得意とする資源です。これらの金属は採掘時の被ばくリスクが高い。一般企業であれば労働者の安全確保などの対策を取りますが、ヤクザはそうした分野でも次元の違う速度で入手するスキルが高い。

渡邉 需要と供給のバランスがわかっていても、一般企業が動こうと思うと、予算決済から実働部隊を作り上げて、実際に買いに行かせて……と、商社なりが特急でやっても1カ月はかかるわけです。しかし、ヤクザは決断したらすぐ行動します。そうして、先に押さえておいたものを商社に売りつける。商社の方も、自分のところでリスクをかけて手配しない分、楽に手に入れることができる。もちろん、今時ヤクザ側も表向きには「箱」を作って、相手側の体面を壊さないような形にしてあるのですが。

第二次大戦は石油→原子力の戦争になるはずだが…

猫組長　昔で言えばコンサートなどの興行はヤクザのビジネスの一つでした。現在では、例えば「警備会社」などの「箱」を作って、きちんと警察から天下った人を経営幹部に雇って、興行に関与したりするわけです。

国内で生産される「石炭」について、ヤクザは生産から供給までダイレクトに関与できたわけです。第一次大戦が石炭→石油の戦争だとすれば、本来、第二次大戦では石油→原子力への転換が行われているはずです。しかし、現実的には原子力は石油のように広く社会では使われない。そのことを原子力と暴力団の関係から考えてみたいと思います。

このテーマについては、暴力団の分野を得意とするライター・鈴木智彦氏の『ヤクザと原発』（文藝春秋）がストライクです。鈴木氏は福島第一原発が爆発した直後から原発への潜入を試み、ついに作業員として原発で働き始めます。目的はタイトル通り、ヤクザと原発の関係の有無を探ることでした。しかし、文中において、

〈炉心に近づけば近づくほど、私の求めていた情報からは遠ざかった〉

とあり、石炭や石油のように、ヤクザが直接核燃料に触れる姿を捉えることができなかったのです。鈴木氏は日本のヤクザと原子力発電所の関係にアプローチし、核燃料「ウラン」とヤクザの関係を調べたわけです。鈴木氏のアプローチとは違うのですが、「核兵器」と「ロシアン・マフィア」の関係については知っています。

私が見せられたのはガラス状の固形物に覆われて金属の缶の中に入っているものでした。あるロシアン・マフィアは「プルトニウムのサンプルだ」と説明していました。いわく、「プルトニウムのサンプルを特殊な紙に染み込ませてある」と。私自身、「核」の専門家ではないのでそれらが何を意味して何に使われるのかはわからないのですが、とにかく高額で取引されるのを知って扱えないかということでロシアに飛んだわけです。

マフィアが扱っていたものは原発関連というより核兵器関連のもので、ウランも同様に紙に染み込ませてガラス状の固形物に覆われて金属の缶に入っていました。ガイガーカウ

ンターを当てると、激しく反応するのですが、こうした「核サンプル」をロシアは大量に保有していました。

そのロシアン・マフィアは「イランや北朝鮮、イスラエルなどと取引をしている」と言っていましたが、とにかく世界中で多くの需要があって、値段も高額で、私たちはどうしてもそのビジネスに参入したかった。しかし参入障壁が格段に高い。核市場については、日本のヤクザは排除されていたので、鈴木氏の見解は正しいということになります。

渡邉　核物質については「核燃料物質及び原子炉の規制に関する法律」が定められていて、非常に厳しく監視、管理されているので輸入や売買などは認可制です。アメリカで人類初の核実験が行われたのが１９４５年、旧ソ連で初の核実験が行われたのが１９４９年。91年のソ連崩壊で第三諸国に核が流出することが懸念されていましたが、北朝鮮が初の核実験を行うのが２００６年ですから、この時系列から考えても核を横流しして実用化させるのはかなり難しいということがわかります。なので、ヤクザが民生として核物質を転売して儲けるというビジネスは簡単にはできないのです。ロシアや、東欧系などのマフィアの場合、マフィア＝国家という構造だからできるのです。

しかし労働者についての参入障壁は鉄壁ではなく、ある総合設備企業の役員の方は、「原発の燃料貯蔵プールのところなど、高線量のところにはヤクザが手配してくれた外国人が働いている」と言っていました。

猫組長　原発の場合、ヤクザは一種のプラント事業的な食い込み方をしていくのです。例えば建設など。炉心の建設や配管は無理でも、原発というのは発電施設以外の建築物が連なるでしょう。それから渡邉さんが幹部から聞いた、危険な場所への人の手配とかですね。

渡邉　原発警備の2強といえばJSSとALSOK。JSSは空港の警備もやっているのですが警察官僚と、元々国際線を独占していたJAL（日本航空）の天下りの合弁会社のような会社です。ALSOKの方は自衛隊OBがいるのですが、こうした特殊な産業警備は警察OB系と自衛隊OB系の2社が独占している状態ですね。

猫組長　専門性と参入障壁があまりにも高い発電方法なので、一番大きな利益を生み出す部分で、黒い利権が生まれないばかりか、権利に与る余地さえない。そういう意味では原発ほどクリーンな発電所はないと言えるでしょう。

第三章

ドルと石油が世界の権力構図を作る

中東の紛争ほど美味しい利権はない

渡邉　石油と世界情勢との関係を明らかにしたいと思います。まず、産油地である中東の現状についてですが、今最も大きなトピックはテロ組織ＩＳでしょう。「イスラム国」や「イスラミックステート」と報道されていますが、このＩＳの壊滅作戦の成否が国際的に注目されています。それとは別の問題で、中東の混乱が非常にわかりづらくなっています。というのも中東については一部の有識者を自称する人たちが、２０１０年から12年にかけての市民による民主化運動による独裁政権崩壊を「アラブの春」と喧伝し、褒めたたえましたが、結局アラブの春は、アラブ自体が大混乱に陥る原因にしかならなかったのです。

いわゆる「アラブ」は、特定の部族が石油の利権を所有する王族として支配し、支配者である部族と被支配者であるその他大勢という権力構図になっていました。しかもそれら特定の部族は血縁で結ばれているので、アラブでの争いとは血族間の利権争いでしかなかったのです。しかしこの安定した利権構造が「アラブの春」によって壊れてしまい、王族が持つ利権を他の部族が奪おうとするようになりました。

しかしそれは弱い者が民主的に利権を得る形ではなく、武力を持つ者が利権を奪取する争いです。さらに奪った利権を巡って親族間、部族間、他部族間での争いが激化していったのです。この不安定化した権力構造のスキを突く形で、ＩＳなどの武装勢力が油田などの権利を奪い、それを資金源としてさらに油田が奪えるところに進出していったのです。実際に中東に行かれていて、現状を見ている猫組長さんはどうお考えですか？

猫組長　渡邉さんのおっしゃる通り、中東は、これまでにないほど混沌としすぎている印象です。ただし、大国であるアメリカにとってもロシアにとっても、そして犯罪組織にとっても、中東の紛争ほど美味しい利権はない。例えばサウジアラビアは、アメリカの一番の武器のお客さんでしょう？　世界一ですよね。

スウェーデンのシンクタンク、ストックホルム国際平和研究所（ＳＩＰＲＩ）によれば、アメリカの２０１１〜15年の武器輸出国の筆頭はサウジアラビアで、２位がアラブ首長国連邦（ＵＡＥ）、３位がトルコ。アメリカ製の兵器は世界の武器市場の約33％を占めるのですが、16年のアメリカの武器輸出の約４割が対中東の武器輸出ですから、すごい金額ですよね。そして、サウジアラビアと敵対する周辺国に武器を供給しているのはロシアです。ロシアという国家の下請けがロシアン・マフィアで、ロシアはマフィアを仲介にして大量の武器を供給しているのです。このように大国にとって中東というのは、巨大な利権の巣窟なのです。その根本にあるのはやっぱり石油なわけですよね。国家でもテロリストでも武器を買うお金の元は石油ですから。

アメリカがアフガンでアヘンを育てる

渡邉　猫組長さんは、いつぐらいから中東と関係してきたのですか？

猫組長　２００４年です。石油の先物取引をやっていて、そこから原油の現物取引を画策して、最初に訪れたのが産油国の一つマレーシアでした。ところがダメということで、今度はブルネイ。そこもダメで「安い原油が欲しかったら中東へ行きなさい」と言われて、紹介してもらったのが中東でした。それが最初です。

当時はアルカイーダの時代で、「ＡＱＡＰ」と略される「アラビア半島のアルカイーダ」が大きな勢力になっていました。私自身知らない間に接点を持っていたようです。

渡邉　猫組長さんは『週刊ＳＰＡ！』で『ネコノミクス宣言』を連載されていますが、そこでは中東の麻薬市場を詳しく説明されていますね。

猫組長　アフガニスタンのことですね。1978年に軍事クーデターが起き、アフガニスタンは社会主義政権となります。これに反対して、ムジャヒディン（イスラム義勇兵）が武装蜂起し、アフガニスタン紛争となり政情が不安定化しました。79年には、ソ連がアフガニスタンに武装介入してますが、アメリカをはじめとして多くの国がムジャヒディンを支援して、ムジャヒディンからタリバンが生まれ、96年に首都・カブールを掌握してタリバン政権ができます。アフガニスタンに石油と天然ガスのパイプラインを通して、海まで資源を運ぶという「中央アジアパイプライン」構想があり、安定した政権としてタリバンに任せても良いのではないかという風潮があったからです。

ところが政権成立後から、タリバンはアルカイーダと接近、ついに2001年にアメリカで9・11テロが起こります。タリバン政権は、9・11テロの首謀者ビンラディンらの身柄引き渡しを拒否し、かくまったのです。これにブチきれたのが、当時の大統領・ジョージ・W・ブッシュ氏。そしてテロからわずか1カ月後の10月にアメリカ・イギリスを中心とした有志連合による空爆が開始され、アフガン紛争に発展したのです。

その時タリバンは宗教上の問題で一応、麻薬の取り扱いを禁止してはいたのです。しかし、アフガニスタンの主要産業はケシなので、その販売を資金源として武器を買っていたわけです。その時、タリバンの販売先となっていたのがニューヨークマフィアでした。

2015年にロシアが「アフガニスタンのアヘンの生産量は、01年からの米国の『不朽の自由作戦』が行われた13年間で40倍に成長した」ことを指摘しました。実は、この件で国連薬物犯罪事務所が「World Drug Report 2004」で面白いデータを発表しています。00年のアフガニスタンのアヘン生産量は世界全体の約69％。空爆から約2カ月でタリバン政権は消滅するのですが01年には約11％にまで落ち込みます。しかしアメリカ軍が駐留を開始し、02年、03年と約75％となり、アヘン大国として復活しているのです。

私は、旅行目的でアフガニスタンに行ったことがありますがその時、北部のケシ畑を見ました。ガイドの人間は、現地ＣＩＡに雇用された人物。ＣＩＡの職務の一つに、国境を出入りする麻薬やテロリストの監視があるのですが、ガイドという職業はこれにうってつけで現地人を雇用するのです。私のガイドは、さらにケシ畑の警備をやっている1人で、こう言うのです。

「昔タリバン政権の時は、警備をやっている人間はみんなＡＫ－47だった。制服も、あの中東独特の衣装だった。ところが、アメリカが来たあとは、みんなＭ－16になり、アメリカ軍の軍服の払い下げを着てケシ畑の警備をやっている」

ケシの非合法作付け面積

国連薬物犯罪事務所「World Drug Report 2004」より

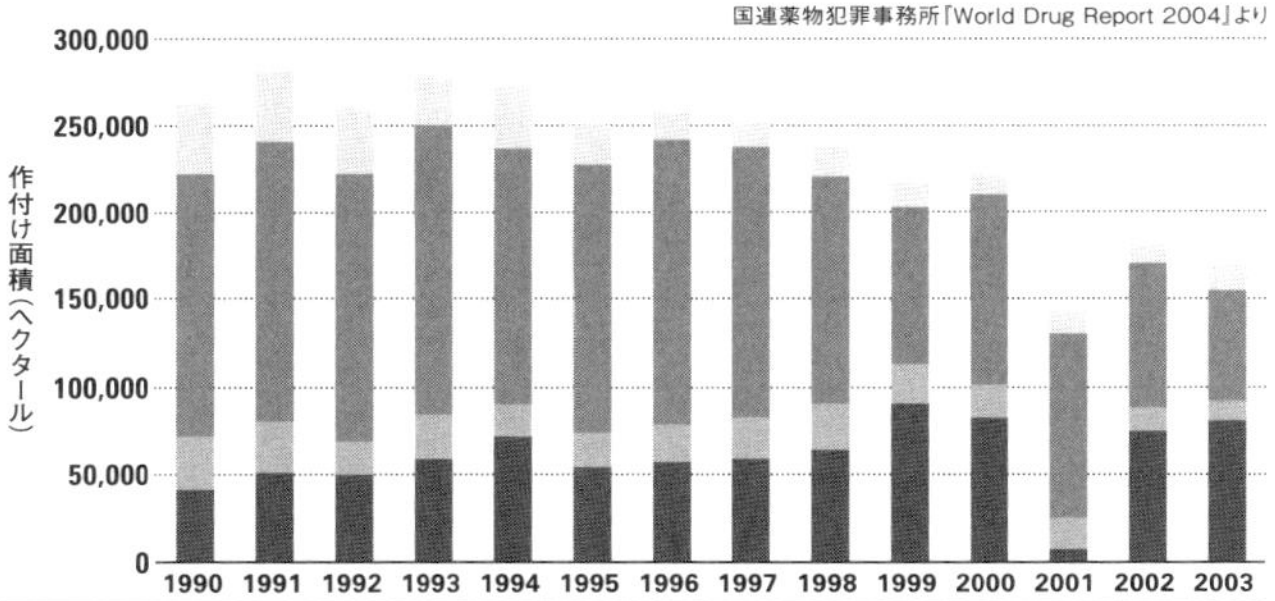

	1990	1991	1992	1993	1994	1995	1996	1997	1998	1999	2000	2001	2002	2003
その他	40,774	41,135	37,496	27,267	35,889	22,440	16,190	14,200	17,008	13,578	12,029	12,233	10,672	14,400
ミャンマー	150,100	160,000	153,700	165,800	146,600	154,070	163,000	155,150	130,300	89,500	108,700	105,000	81,400	62,200
ラオス	30,580	29,625	19,190	26,040	18,520	19,650	21,601	24,082	26,837	22,543	19,052	17,255	14,000	12,000
アフガニスタン	41,300	50,800	49,300	58,300	71,470	53,759	56,824	58,416	63,674	90,583	82,171	7,606	74,100	80,000

▲アフガニスタン紛争開戦

ケシからアヘンとヘロインを生産した予測量

国連薬物犯罪事務所「World Drug Report 2004」より

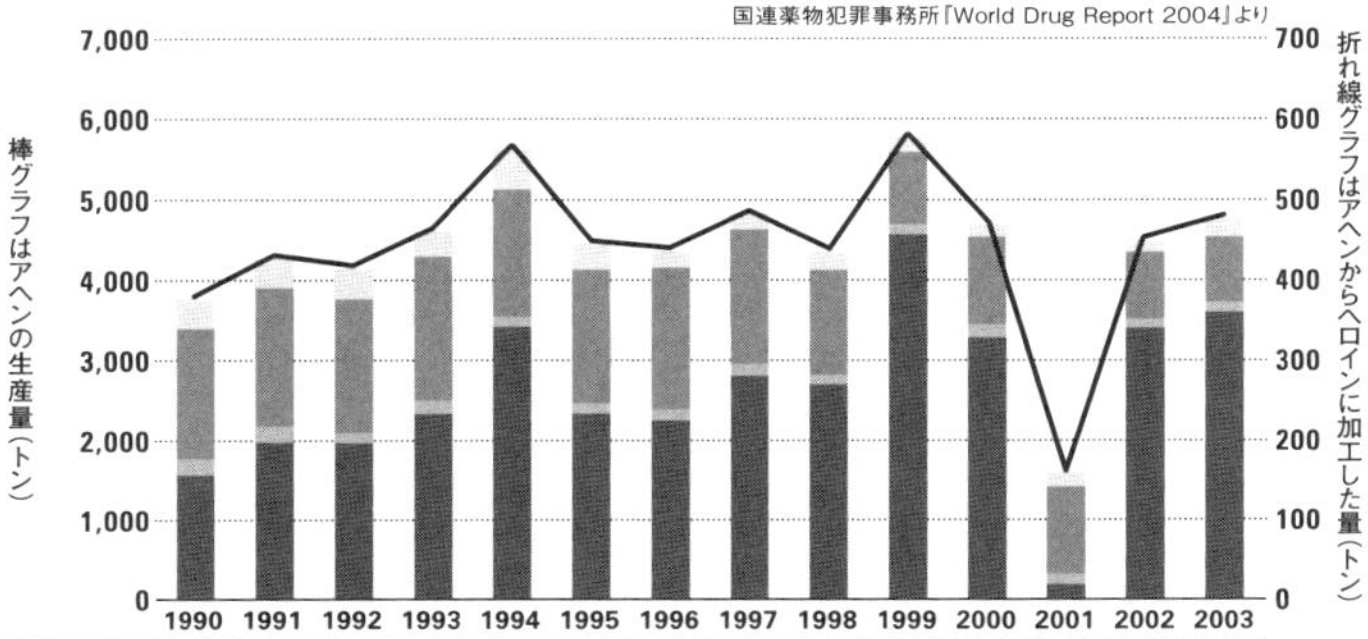

	1990	1991	1992	1993	1994	1995	1996	1997	1998	1999	2000	2001	2002	2003
その他	367	370	386	320	501	325	207	196	226	180	161	180	151	236
ミャンマー	1,621	1,728	1,660	1,791	1,583	1,664	1,760	1,676	1,303	895	1,087	1,097	828	810
ラオス	202	196	127	169	120	128	140	147	124	124	167	134	112	120
アフガニスタン	1,570	1,980	1,970	2,330	3,416	2,335	2,248	2,804	2,693	4,565	3,276	185	3,400	3,600
ヘロイン換算	376	427	414	461	562	445	436	482	435	576	469	160	449	477

▲アフガニスタン紛争開戦

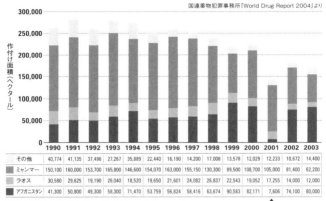

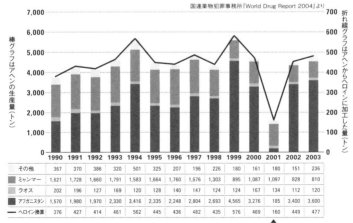

つまり、武器の供給もケシ栽培もアメリカがコントロールしているということで、ロシア側の指摘はたぶん間違いではない印象でした。警備用の武器を供給しているのがCIAで、麻薬を流通させるのはニューヨーク系のマフィアです。

最近アフガニスタンではタリバンが盛り返してきたのですが、アメリカは「ロシア政府が支援しているから」と非難しています。もちろんロシア側は否定しているのですが、アメリカのコントロール下でニューヨーク系のマフィアがアフガニスタンでケシを栽培させて、アヘンを生産させてヘロイン精製させて、バルカン半島経由でロシアに流しているのです。映画『ゴッドファーザー』には「自分のシマで麻薬を売らない」というセリフがありますが、アメリカ本土で麻薬を売らずにロシアへ売って外貨を稼いでいるのですから、ロシアが反米勢力を支援するのは当然でしょう。

渡邉　国家間の戦いに麻薬を使うのは、1840年のアヘン戦争と同じですね。イギリスがインドで栽培した麻薬を清（中国）に密輸、氾濫させて国力を疲弊させ利益だけを持ち帰ったことから起きた戦争です。イギリスはアヘンによって「眠れる獅子」を永眠させたわけです。しかし、国際感覚からすれば自分のシマで麻薬を売る日本のヤクザは、異様ですよ。

猫組長　まぁそうなんですけどね（笑）。日本で「クスリ」と言ったら覚せい剤ですが、ヤクザにはヤクザのルールがあって、女、子どもに売らないだとか、そういう自主規制が存在はしていたのです。しかし、今、六本木に出ても、海外の犯罪勢力はそうしたことに関係なく誰にでもどこにでも売るじゃないですか。しかも、色んな種類のモノ。ハードドラッグを、どんどん日本に浸透させていっているわけですよ。これは日本のヤクザが力をなくしたからなのですが、警察当局もヤクザを弱体化したのならば、ヤクザが担っていた安全保障の部分をきちんと担保しないと片手落ちということになりますよね。

シオニストとグローバリストに分裂するユダヤ人コミュニティ

渡邉　中東の話に戻すと、イラク戦争とサダム・フセインの件があります。80年代、反米国家イランと対抗するために、レーガン政権はイラクと蜜月関係となります。

フセインはアメリカの支援を受ける形で、イラクの近代化・世俗化を進めていました。女性の社会進出なども推し進めヒジャブ（被りもの）をしなくてもいいような、中東諸国でもかなり進んだ世俗社会になっていったのです。１９９０年のクェート侵攻により、91

年に湾岸戦争が開戦しますが、フセインの処刑にまではいたらず終戦しました。アメリカとの関係が決定的に逆転する大きな要因の一つは、フランスです。

99年に決済用仮想通貨としてユーロの導入が始まるのですが、ユーロの勢力圏を拡大するためにフランスがイラクに、「アメリカドルより有利な条件でできるようにするし、アメリカより有利な条件で武器を売るので、石油決済を全部ユーロにしないか？」と持ちかけたのです。その話にフセインが乗ったことで、アメリカの逆鱗に触れたことが、イラクにアメリカが軍事侵攻した理由の一つです。

このように中東は、大国間の利害関係が噴出する舞台である構図を、長く繰り返しているのです。今の中東は、アメリカとロシアの代理戦争の最前線。イラクの件でもそうですが、アメリカもロシアもある時まで敵だった相手に、ある時から味方として働きかけるので非常にややこしいことになっています。

アメリカのオバマ政権においては、アメリカは反サウジアラビアでした。対サウジ関係がどんどん悪化していき、逆にイランとの関係を深めました。イランで新しい油田開発を認めるとともに、石油開発の利権をアメリカが取ろうとしたわけです。それに対してこれまでの中東の盟主であったサウジが怒って、アメリカとの関係が悪化した。対サウジで考えると、関係が良かったのはアメリカ共和党で、共和党は親イスラエルです。そしてアメリカ民主党はその反対だったと。ところが2017年にドナルド・トランプ氏が大統領になり、アメリカが共和党へと政権交代したことが、中東においてもそのまま反映されているのです。

トランプ大統領の娘婿で選挙顧問であり、大統領上級顧問のクシュナー氏は祖父母がアメリカへ移民したユダヤ人で、正統派ユダヤ教徒。同じユダヤ人グループの中でもシオニスト・グループと呼ばれる、イスラエル建国運動を主とするグループに属しています。一方で、シオニスト・グループは共和党と軍部のバックヤードに多くいる人たちで、この層が支援する形でトランプ氏が大統領選に勝利しました。こうした背景もあってトランプ政権では、サウジアラビアとの関係を一気に改善して、イランとの関係をもう一度白紙化するとなっています。中東はアメリカの戦略によって、一気にひっくり返ったということです。それがまたさらに混乱を生んでいるという状況ですね。

ユダヤ人にも二派あって、アメリカ民主党のリベラリストと言われる人たちの中のユダヤ人の多くは、同じユダヤ人でもグローバルで考える人たちで、国境や国という概念が基本的にはない。ユダヤ人というのは国を持たなかった民なのですが、シオニズム運動によって1948年にイスラエルが建国されました。グローバリストのユダヤ人と、シオニストのユダヤ人は違うわけです。同じユダヤ人でも、「国家」というものに帰属意識の強い親イスラエル派と、国境という概念がないグローバリストがいて、アメリカのユダヤ人コミュニティは分断しているのです。その結果が、共和党と民主党の分裂で、この構図が中東にも反映されて、ロシアとの構図にも反映されているのです。

もう少し具体的に解説しましょう。「旧約聖書」に登場するユダヤ人に、白人は一人もいません。黒髪、黒目のセム系と呼ばれる人たちです。なぜ白人系ユダヤ人がいるのか。白人系ユダヤ人というのは、7世紀から10世紀にかけて存在したハザール王国のハザール人とされています。現在のウクライナ東部から、ロシア南部、カザフスタン西部を支配した国で、ハザール国はユダヤ教を国教化したことで白系ユダヤ人となったのです。

猫組長　世界の多くの人とビジネスをしてきた私ですが、イスラエルの人とは仕事をしたことがありません。例えばパスポート。イスラエルの入国スタンプがあると、他のイスラム圏の国に入国できないのです。

渡邉　別紙に押してもらっていましたよね。ポストイットみたいな付箋紙のような別紙に、イスラエルの入国スタンプを押してもらって、他の国に入る時にはそれを剝すという方法。

猫組長　そうです。今でも、別な紙に押してもらう申請ができるのですが、それを頼むとイスラエルの入国審査官も「何で?」と、知っていて理由を聞いてくるのです。「別の国に入りにくくなるから」と説明しても、「じゃ入るなよ」の押し問答になりますから、結局入らなくなりますね。こういうこともあって、イスラエル人と仕事をすると、他のイスラム系の人たちが仕事をしてくれなくなってしまうので。個人的な思想や感情とは無関係に、中東の習慣に従うとそうなるということです。

渡邉　そういう意味で、日本人はすごく不利なのです。アメリカもヨーロッパも二重国籍OKですから入国国によって、パスポートを使い分けることができます。2つ持っていれば、片方でイスラエルに入国して、片方でイスラム系の国に入国するとかですね。

通貨の融通構造の頂点にいる「ドル」

猫組長　渡邉さんの指摘通り、今混沌としているのはISでしょう。これに関連してトルコがすごい混沌としてきましたよね。昨年2016年にはクーデター未遂があったくらいです。ISの石油は直接売れないのでトルコ経由で市場に流れるのですが、トルコは安く

ＩＳの石油を買い、それを転売しているわけです。そういうことでトルコは非難されるのですが、そんなのへっちゃらな国ですから。ＩＳで儲けていますよね。

渡邉　中東がおかしくなった時に、常に発火点になるのがトルコです。トルコはイスラム教の国なのですが、トルコの人たちは、自分たちはヨーロッパの一員であると思っています。サッカーではＡＦＣ（アジアサッカー連盟）ではなく、ＵＥＦＡ（欧州サッカー連盟）に加盟しています。ですから常に、ＥＵ加盟を求めているわけです。

猫組長　ＩＳの資金源で言えば、略奪。銀行や金（ゴールド）の略奪をしたりすることも主収入の一つですね。それは石油と無関係ではなく、石油が生んだお金を別な資産に換え、それを奪っているということです。富裕層というのはほぼ全員、金（ゴールド）かドルに換えて資産を蓄えています。銀行に行けば当然そうしたドルがある。そういう意味でドルの信用というのはほぼ絶対なわけです。

渡邉　富裕層と資産の話といえば、最近インドで大変なことが起こったそうです。２０１６年11月に、モディ首相が突然、インドの高額紙幣である１０００ルピーと、５００ルピーの廃止を決定しました。しかも移行期間はわずか50日で、最初は1日で換金できる金額上限を４０００ルピーにしていたのを、途中から２０００ルピーにしたのです。困ったのはいわゆるタンス預金で裏金を貯めていた人たち。銀行は大混雑ですが、どうしようもなくて泣く泣く保有している高額紙幣を川に流したり、燃やしたりしたというのです。

やはりドル、金、ダイヤモンドは強いということですね。

猫組長　通貨の信用力というのは、暴力が担保しているということです。弱くて崩壊の可能性がある国の通貨を持ちたいと思う人は少ないでしょう。今、北朝鮮の問題で緊張感が高まっていますが、こういう時に円が買われる背景にはアメリカ、つまり日米同盟があるからなのです。米軍という世界最強の暴力の担保があって、初めて円は信頼される通貨になっているのです。それでも親方・アメリカは絶対なのでやはりドルの優位性は動かない。あの国はヤクザと一緒で、いざとなるとよその国を潰すでしょう。躊躇なく暴力を行使できる国だから、ヤクザなのですよ。アメリカという国は。

渡邉　世界のお金の構造というのは、ドルの支配構造と言ってもいい。アメリカの中央銀行に当たるFRB（連邦準備制度理事会）がドルを発行しているのですが、日本、イギリス、EU、スイス、カナダの5大中央銀行と、アメリカとの間では、無制限のスワップ契約があるのです。だから、「ドルが足らなくなった」と日本銀行がアメリカに言えば、アメリカからドルを借りて、日本は日本円をアメリカに差し入れればいい。

この5大中央銀行の下に、地域代理店のようなものがぶら下がっています。日本の場合だとASEAN諸国などがそうで、イギリスの場合は大英連邦と英領ヴァージン諸島のような英系オフショア。EUはEUで、北南米はアメリカから直接という構図になっています。で、各地域代理店でお金が足らなくなった場合、例えば日本はASEAN諸国とスワップを結んでいるので、ASEANでお金が足らなくなったら日本がドルに支えられた円をASEANの国々に出し、日本でドルが足りなくなるとアメリカから借りるという構造になっていて、このピラミッド状の通貨の融通構造の頂点にいることこそが、ドルの強みなのです。

ドルの強さは武力と、歴史的に作り上げた金融支配構造とその維持にあると言えるでしょう。第二次大戦が末期のころになってくると、世界中の金の80%がアメリカに一極集中しますが、1944年にアメリカ、ニューハンプシャー州ブレトン・ウッズに連合国44カ国が集まり、戦後の国際通貨体制に関するブレトン・ウッズ会議が行われ、国際通貨基金（IMF）協定が結ばれました。

当時、お金というのは金（ゴールド）の引換券でした。ところが各国に金（ゴールド）がなくなり、通貨を発行できなくなった。一方でアメリカには大量の金（ゴールド）が集まっていたので、これを担保にお金を発行しましょうという、疑似的金本位体制ができました。アメリカドルは金と交換ができる、ドルは他の通貨と両替できるということで、ベースをアメリカが保有する金（ゴールド）にして、ドルを仲介する形での金（ゴールド）・ドル本位制（IMF体制）ができたのです。ドルを基軸通貨とした固定相場制度は、71年のニクソン・ショックまで続くわけですけれども、金（ゴールド）・ドル本位制の基本構造は今も変わっていません。だからドルは基軸通貨と呼ばれるわけです。アメリカはニクソン・ショックで、金（ゴールド）との引き換えを廃止しましたが、ドルのパワーは衰えず、ドルに代わる通貨が生まれていないのが現状です。

中世から近代初頭まで世界の中心地はヨーロッパでしたが、第二次大戦によってアメリカに世界の中心の座を持っていかれました。1989年のマルタ会談で、アメリカのジョージ・H・W・ブッシュ大統領と、ソ連のミハイル・ゴルバチョフ書記長が宣言して冷戦が終結します。そこで自らに力を取り戻そうとしたのが、ヨーロッパです。かつての覇権国家であったイギリスにとって、一番の屈辱はアメリカに覇権を取られたこと。ですからこの覇権を再び復活させようとして生まれたのがEU（欧州連合）なのです。

EUはアメリカに該当する約3億人の単一市場を作って、アメリカに対抗できる勢力になった。ここで生まれてきたのがユーロで、ドルに代わろうとした。しかし、ユーロは実際には船頭多くして船山に登る状況で、今ではバラバラになりつつあるわけです。ＥＵは元々がキリスト教国の集合体で、プロテスタントとカソリックを別にしてキリスト教の価値観を持つ国家が手を組み合うことで、巨大なキリスト教国を作るというのが本質的な目的だったわけです。リベラリストと国境という概念を持たないグローバリズムが広がるに連れて、ヨーロッパの中にどんどん中東など、他の地域からイスラム教徒が流入してきた。その中で大混乱が起きているというのが、現状ですね。ＥＵが今瓦解しようとしている前提にはこうした中東問題が、当然関わってきているのです。

そこに合わさって、ヨーロッパには中国からも大量の人、物、金が流入してきているのです。今、フランスの首都・パリの人口は約２２４万人いるのですけれども、今年４月にフランスの警官がハサミで攻撃してきた中国人男性を射殺し、これに抗議してパリ市内で約６０００人の巨大なデモが起こりました。警察の治安部隊もなかなか抑えきれなかったのですが、現在パリだけで、中国人は約20～30万人いるとされています。

ヨーロッパにはシェンゲン圏があり、シェンゲン協定が適用される26の国の間では人、物、金の移動が自由なのです。アイルランドとイギリス以外の欧州連合加盟国には、シェンゲン協定を施行することが求められているのですが、シェンゲン圏内のどこかの国で永住権なり国籍を取ると、圏内を自由に移動できるのです。

そこで、行われているのが国籍の売買で、キプロス共和国やギリシャ、リトアニア、エストニアなどの貧しい国で国籍と永住権がどんどん売られている。これは投資移民という、一定以上の経歴・資産を有する人間が政府指定の金融機関などに指定された金額以上投資すると永住権を与えるという制度で、実質的に国家が永住権を販売しているのです。このおかげで、ヨーロッパでは本来あったキリスト教の壁が壊れて、中東、中国から一方的に人が流入しているような状況でさらに混沌としているのです。

こうしたこともあり、結局ユーロはドルの代わりになりえないのです。

金融の聖地・シティを世界中に作ったイギリス

猫組長　今渡邉さんがおっしゃった、冷戦後のアメリカに対抗しようとしてEUを作ったという見解には大いに賛成です。一つ付け足すと、イギリスの存在です。第二次大戦が終わった後、イギリスは戦費でフラフラになりました。もう戦うのもしんどい状況の中で何をしたのかというと、旧植民地をタックスヘイブンにして実際の戦争ではなく、経済戦争を仕かけていったわけです。アメリカに対抗するために。だから現在でも、イギリス系のタックスヘイブンが世界中にあるのです。

これはとても重要な点で、イギリスは武力から経済へと戦争をパラダイム・シフトさせたわけです。

渡邉　アフリカを見るとわかりやすいのですが戦略的、地政学的に考えると、同じヨーロッパでも大陸内にあるフランスなどは、面で植民地化していくのです。一方で海洋国家・イギリスは戦争で勝った時にもらえる領地を点で取っていったのです。しかもその点は世界中の海の要所で、オーストラリア、カナダ、インド、ケープタウン……イギリスはこうした点を国外領地にして海洋大国となったのです。そして第二次大戦後、イギリスは植民地や、支配力が効いていた地域を全部オフショア、タックスヘイブンにしていったのです。

厳密に言えばイギリスには大ロンドン庁（グレーター・ロンドン・オーソリティー）という行政区の中央部に、「シティ」と呼ばれるタックスヘイブン地域の「シティ・オブ・ロンドン」があります。大ロンドン庁の中にありながら、シティには別に市長がいます。この市長というのはギルド、海運ギルドの商工組合の人が名誉職として輪番でやっているのです。商工ギルドというのは船舶も含めて、世界中の資源とかのマーケットを握る人たちなのですが、この「シティ」の仕組みを世界中に作ったのがイギリス系のオフショアです。

元々イギリスの植民地などは女王陛下の領地でした。国外領地は、第二次大戦後に、自治領、自治国という名前になって独立をする形になりました。しかし、現在でも旧領地の一部が大英連邦の大きな法の下にあることを一般の人はあまり知りません。エリザベス女王のコインを通貨にしている国には、全部イギリス女王から任命された領地を守る総督がいます。例えばオーストラリアやカナダには総督がいますから、両国ともに政治のトップは「首相」なのです。日本からの外交官がオーストラリアやカナダなど旧大英連邦の諸国に赴任した場合、天皇からもらった任命状を持っていく相手は総督で、首相ではないのです。ということで、いまだに外交儀礼上は総督がいて、それらはあくまでも女王様の土地とされているのです。

猫組長　ガーンジー島、マン島などの王室属領、ケイマンやジブラルタルなどの海外領土、シンガポール、キプロス、バヌアツのようなイギリス連邦加盟国、香港などの旧植民地……イギリスはタックスヘイブンの重層的なグローバルネットワークを作って、金融面ではアメリカとの経済戦争をほぼ互角に戦っています。ただし、石油はどうか。先ほども説明したように、石油はほぼドルでしか買えません。だからこそ、イギリスはユーロダラー（ドル預金）市場を持っている。ユーロダラー市場なしにイギリスが中東の石油の権利を取れませんから、持たざるをえないのです。

渡邉　今、ＥＵからのイギリス脱退、ブレクジットでも問題になっているのですが、ドル自身の取引量は貿易決済量で言うとロンドン・シティが4割ぐらいで、ウォールストリートは2割ぐらいしかない。つまり、マネーエクスチェンジは、全部ロンドンということなのです。

アメリカの国内銀行が国内で決済してる分に関しては、当然国内のウォールストリートでやっていますけれども、外為業務はほとんどロンドンに移転していて日本のメガバンク、三菱東京ＵＦＪにしても三井住友にしても、為替拠点はロンドンです。大陸も含めて、ヨーロッパの銀行監督機関は、今はロンドンにある。なぜかと言うとシティ・オブ・ロンドンは金融の治外法権だからで、その聖域に世界中の金融機関が集まっているのです。

猫組長　まさにシティ・オブ・ロンドンは金融の聖地で、特別なところです。もちろん儀式的なのですが、女王がシティに入る時でも、ロード・メイヤー（ロンドン市長）の許可がいる。今から入りますよという式典があるのです。女王の権威と対等なくらいの金融の聖地なのです。恐ろしいぐらいの金融の権力がそこにある。

渡邉　強い資産といえば金（ゴールド）ですが、金の取引もロンドン。プラチナもそうですね。金塊一本取っても、グッドデリバリーバーというのがあって、ロンドン貴金属市場協会の刻印が打ってあります。同じ純金のバーでも、それ以外のバーとは値段が約2ポンドほど高いのです。

石油価格のコントロールで世界を操る

猫組長　では石油はどうか。アメリカの先物市場、ニューヨーク・マーカンタイル取引所は石油の先物取引をやっていて、これが大きく石油価格に影響します。イギリスにもＩＰＥ（ロンドン国際石油取引所）という原油先物市場があります。アメリカにはＣＦＴＣ（米商品先物取引委員会）があって、市場参加者の保護を目的に、詐欺や市場操作などの不正行為の追及や、市場の取引を監視しているのです。例えばヘッジファンドなんかがニューヨーク・マーカンタイル取引所で石油の先物取引の注文をガンガン出すと、ＣＦＴＣから注意を受けます。ところがＩＰＥには取引の監視がなく、いくらでも注文できます。このＩＰ

Eを作ったのが、ゴールドマン・サックス。で、ゴールドマン・サックスは、ニューヨーク・マーカンタイル取引所で売りを出して、IPEで買いを出すのです。そうやって石油の価格をコントロールしているわけです。当然、アメリカ政府の主導だと思いますけど。

今、国際的に石油の価格は低いじゃないですか。それは、石油が高くなって、中東が力を持つと困るからでしょう。アメリカにとって押さえるのは簡単なのです。ゴールドマン・サックスなどを使って。価格をコントロールすればいいわけですから。

渡邉 ネットオークションと同じで、マーケットでは売りと買いが同じ人間なら、吊り上げようと思ったらいくらでも吊り上げられますからね。

猫組長 アメリカは強くて、ドルをいくらでも刷れる。ドル建てなので為替損益もない。この仕組みを壊すライバルはいないわけです。

ロシアにしても自分のところで原油を持っていますが、安くなって困っている。喜んでいるのはアメリカだけですよ。シェールガスもあるし、世界で一番油を使う国ですから。石油の価格戦略は軍事作戦と同じようなものですよね。

渡邉 シティ・オブ・ロンドンにあるのは金融市場とギルドです。金のギルドがあったり、鉄のギルドがあったり……そこで一番大きなポイントになるのがルールの決定です。日本国内で運行されている船もそうなのですが、船の仕組みというのは国際ルールで動いています。船主組合があってP&I（船主責任相互保険）があって、船員組合があって……このルールは、日本国内で運行しても国際ルールに合わせるのです。このルールを決めるのが、シティ・オブ・ロンドンにある船舶ギルドなのです。

猫組長　イギリス系の人でスミスさんという名前の人がいますが、この「スミス」というのは「鍛冶屋」なのです。アメリカの銃器メーカーで「スミス&ウェッソン」は、1852年にホーレス・スミス氏とダニエル・ウェッソン氏によって設立しますが、鍛冶屋さんが転じて銃器職人となりました。

ゴールドスミスだと金細工をしていた人たちです。17世紀のイギリスで金細工ギルドの人たちの間でゴールドスミス・ノートと呼ばれる約束手形が発行されるのですが、これが銀行券、つまり現在の紙幣の始まりなのです。ゴールドスミス家は、金（ゴールド）を預かる金庫も保有していて、金（ゴールド）を買った人は自分のところに置いておかないでゴールドスミスに預ける。ものすごい大量に金が集まるから、それをいちいちやり取りするのは面倒。ということで、金の預かり証券を発行すると。そしてそれが勝手に流通し出して、物の交換に使うようになり、紙幣となったのです。実はこの仕組みが、現在では最先端の金融スキルの一つになっているのです。

ユダヤ教、キリスト教、イスラム教の祖はすべて同じ

渡邉 ところで、中東のイスラム宗派の構図というのは主にどうなっているのですか？日本だとシーア派、スンニ派など宗派や、アラブの国と非アラブ国などで分類していたりするのですけれど、すごくわかりにくいのです。

猫組長 アラブの国に関してはスンニ派が大勢と考えておけば間違いはありません。ただ、国によって宗派が違うので、これは複雑で私自身とても理解できないです。

渡邉 日本人だと、どこどこの国は何々派だからどうだっという風に、単純に考えるのですが、国民の9割がスンニ派であっても、その支配階級がシーア派である国もあったりして、ぐちゃぐちゃになっていますよね。

猫組長 具体的に言えばバーレーンは特にややこしいですよね。王族がスンニ派で、国民の多くはシーア派。２０１１年にはアラブの春の流れの中で、この「宗教のねじれ」も手伝ってバーレーン騒乱が起こり93人の死者が出ました。しかし、あそこは暴動が起きても

中東の宗教地図

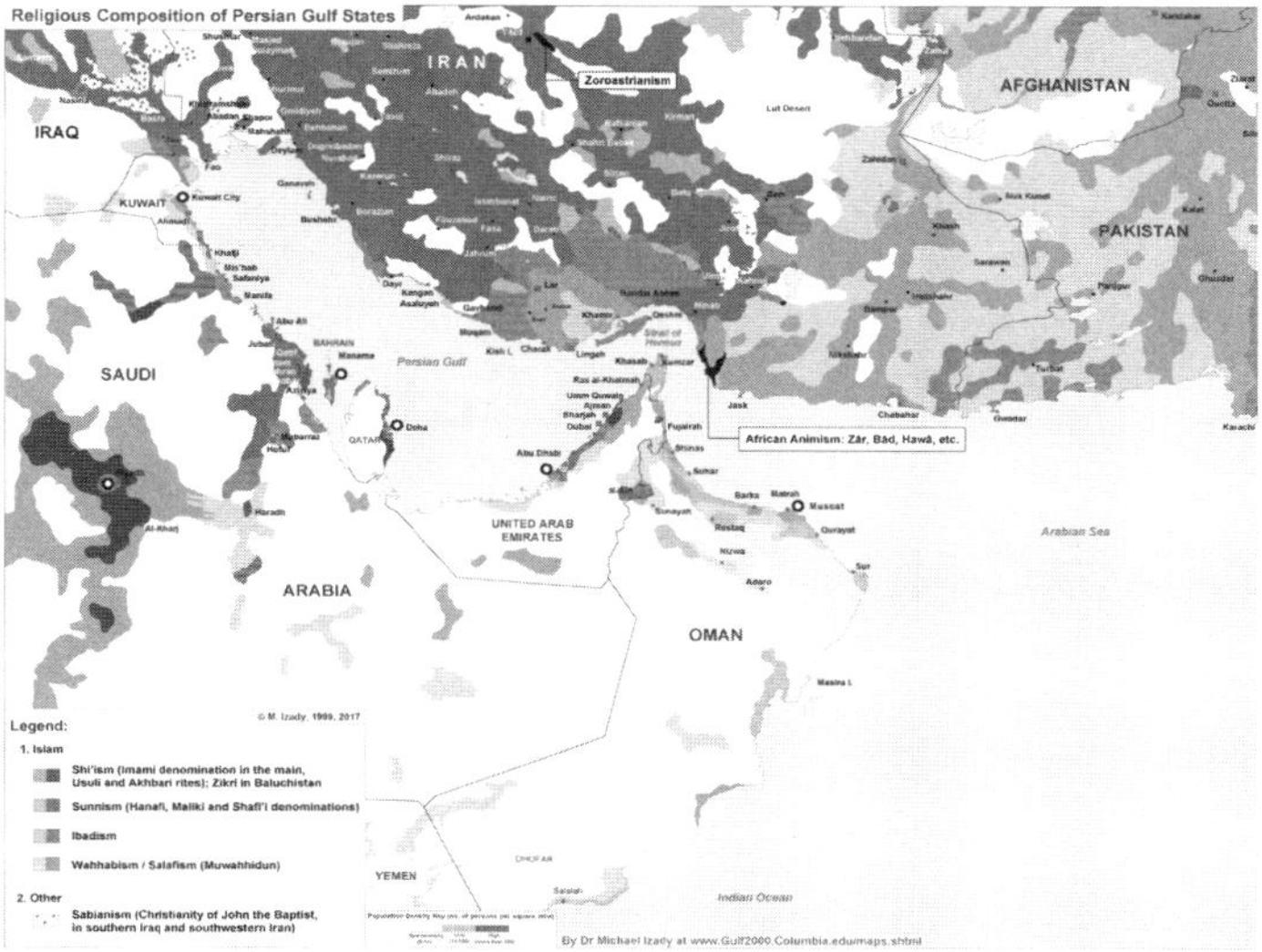

支配階層がお金をばら撒くから黙ってしまうのです。

渡邉　イラクはシーア派の大きなエリアだったのですが、支配したフセインはスンニ派という構図でした。日本人は中東とヨーロッパ、アフリカの関係を、独立した別の存在のように見る傾向が強い。あたかも旅行のカタログ・パンフレットが中東、ヨーロッパ、アフリカで別になっているように。しかし、この3つを遮る地中海の大きさは、日本列島が1コ入る程度なので、実態としての距離は陸続きのようなものなのです。

ここで考えなければならないのは

湾岸の国別宗派人口比率

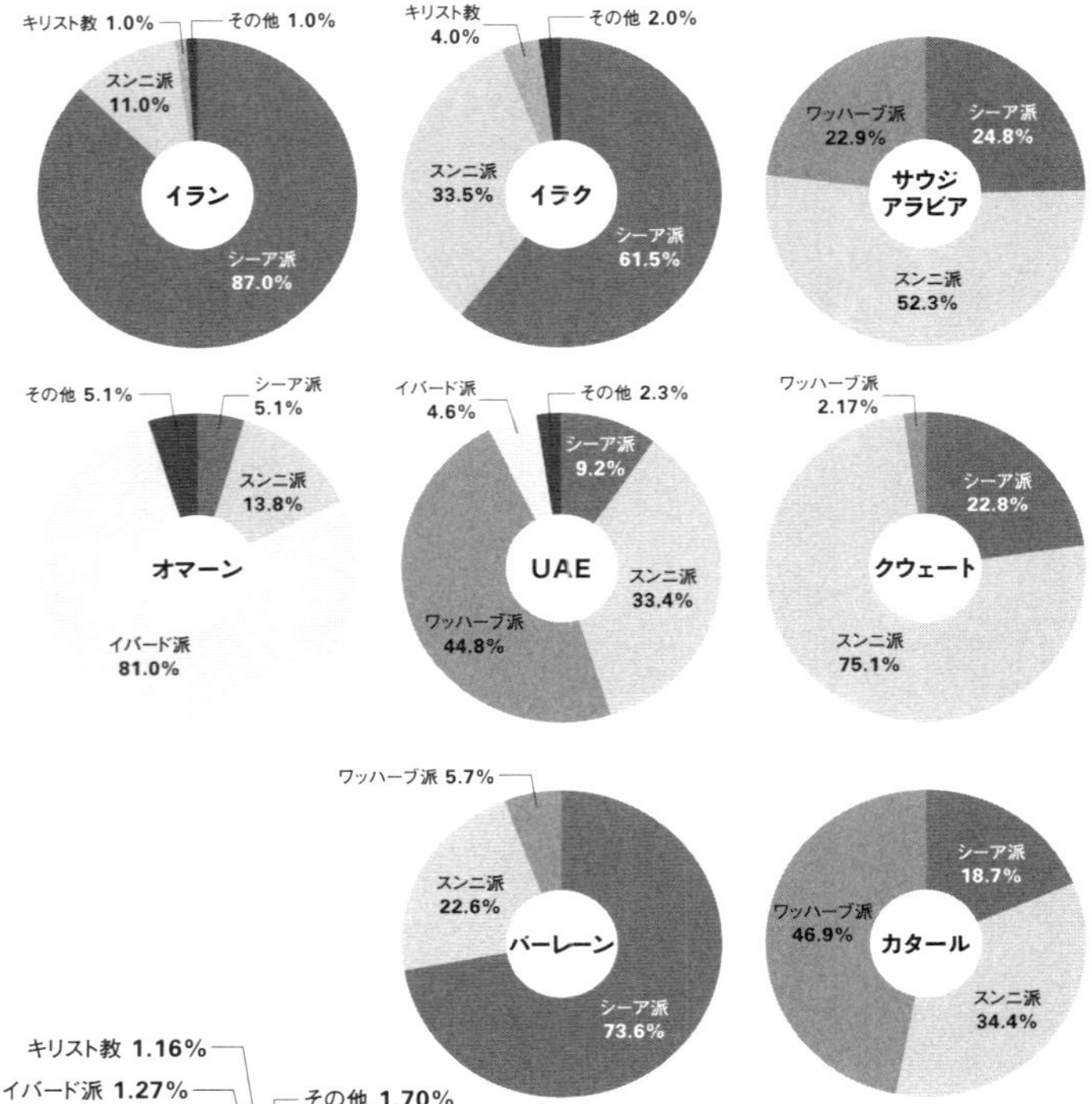

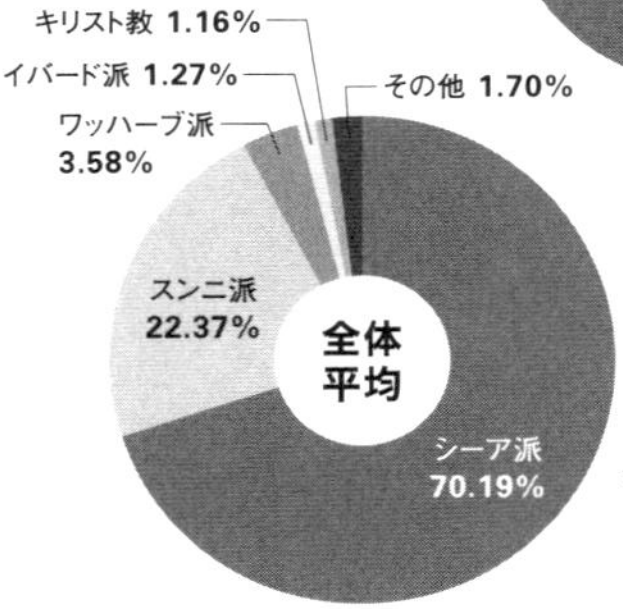

the Gulf/2000 Projectより
＊人口は03-09年のものを基本にした。空白は「計測不能」
＊「その他」にはアハマディア派、ユダヤ教、ゾロアスター教、アニミズム、ヒンズー教が含まれる

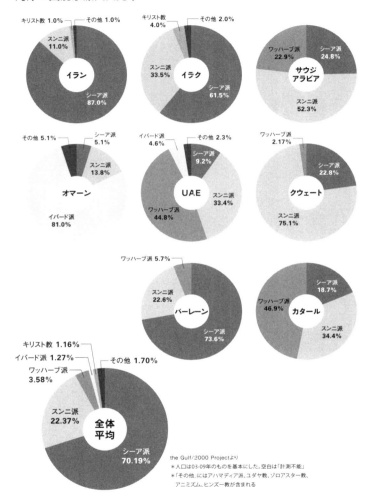

中東、アフリカ、ヨーロッパの宗教です。イスラエルにあるエルサレムは3つの宗教の聖地になってます。宗教として最も古いのがユダヤ教で、ユダヤ教の救世主として生まれてきたのがキリスト教で、そしてイスラム教が生まれると。そして、この3つはの「祖」はすべてアブラハムで、元々ユダヤ教、キリスト教、イスラム教は同じ宗教であるということもあまり認識されていません。中東では同じ宗教が分派していく形で生まれて、さらにそれが分派して権力闘争と密着していて、それが利権構造とも連なっているのです。

日本は島国なので、日本人にとって「国家=国境=海で守られたライン」なのですが、中東、アフリカ、ヨーロッパというのは陸つながりであったり対岸であったりするわけで、国境という概念自体が基本的に存在しないのです。一つの国の勢力圏がだいたいここまでという、ヤクザの縄張りのようなイメージです。

ビンラディン家とブッシュ家の物語

猫組長　だいたいの力関係で、この辺の線で決まっているという感じですよね。中東に行っていると、ヨーロッパへの実際の距離も違うものなのですが、アメリカに対する距離感がまったく違います。反米思想の強い地域と、親米思想の強い地域があって、これを肌で感じます。石油取引はどこまでもドルですが、反米思想のところの中には「ユーロで決済してくれ」というところもあって、そういった石油はユーロの為替変動リスクを理由に価格を叩けるので安い。

反米といえばウサマ・ビンラディンの出身地は親米の国であるサウジアラビアで、「サウジ・ビンラディングループ」というビンラディン家が経営している複合企業がサウジアラビア国内外にあって、今も石油を売りまくっています。ホームページもあって、営業もすごい。そしてビンラディン家とブッシュ家は昔からビジネスパートナーで、ジョージ・W・ブッシュ氏が大統領になる以前テキサスで経営していたエネルギー会社に、ウサマの兄・サレム氏が多額の投資をしており、事実上の共同経営者だったのです。サウジアラビアで採れたビンラディン系のオイルを、ブッシュの関係の石油会社が安く仕入れていたわけです。ビンラディンの身内は今、アメリカに手厚く保護されていい生活をしているわけですが、その背景にはビンラディン家とブッシュ家の関係があるわけです。もちろんサウジアラビア国内にも、反ビンラディンの人たちもいるし、親ビンラディンの人たちもいて、とにかく複雑なのです。

何より親米のサウジアラビアにも、反米思想の王族がいるわけです。この人たちはアメリカと戦う国や勢力には、すごい安い価格で石油を出しています。2015年には9・11の実行犯の裁判で、サウジアラビアのトゥルキ王子やバンダル王子が長年アルカイーダを支援し、ウサマ・ビンラディンとトゥルキ王子が直接やりとりがあったことを証言しました。サウジアラビア大使館は否定しましたが、16年には9・11の遺族がサウジを提訴できる「テロ支援者制裁法」、通称「サウジ法」が成立して大問題になりました。

渡邉 アメリカ民主党時代の、アメリカとサウジの関係ですが、当時はオバマ政権で、大統領だったオバマ氏は「サウジ法」に対して拒否権を発動したものの再可決してしまいました。しかし今の共和党政権は、サウジとの関係回復を最優先に考えています。トランプ大統領誕生直後に、ソフトバンクの孫正義氏が大統領を訪れて、サウジがソフトバンクの投資ファンドを通じた対米投資の実行の決定が明らかになりました。良くも悪くもアメリカで起こった民主党から共和党への政権交代が、中東にものすごい影響を与えているのです。完全に逆転したわけですから、サウジとの関係は。

世界の構図の中で大きく共和党系、いわゆる古い保守系の人たちが力を持ったことによって、民主党のリベラリストたちが排除されていき、それに連なる人脈が淘汰されつつある。排除されつつあるリベラリストらによる最大限の抵抗として繰り広げられているのがアンチトランプキャンペーンで、これが今のアメリカの政治とメディアの対立構図ですね。その意味でも、中東はアメリカ社会の鏡像といえるでしょう。

日本の政権交代が中東和平を崩壊させた

猫組長　次に考えなければいけないのが中東と日本の関係です。両者の関係では1973年と79年の第一次、第二次オイルショックを思い出す人が多いでしょう。73年の第一次オイルショックは第四次中東戦争勃発により、原油価格引き上げと生産制限が行われたことによって起こりました。79年の第二次オイルショックは、イラン革命によりイランの石油生産が中断。イランから大量の石油を買っていた日本で石油が足りなくなり、同時にOPECが原油価格上昇を決定したことが原因でした。しかし、1990年の湾岸戦争、2003年のイラク戦争、そして2010年からのアラブの春でも、オイルショックのようなことは起きませんでした。

特にサウジアラビアに行くとわかるのですが、すごい親日国家なのです。日露戦争でロシアに勝ち、第二次大戦は敗戦したもののアメリカと戦い、白人に立ち向かった唯一の民族ということで日本への憧れや、尊敬がある。また、1951年にイランが石油の国有化を宣言して、イギリスが激怒。イギリス海軍の海上封鎖をかいくぐって、買いつけのためにタンカー・日章丸を送ったのが出光興産でした。

渡邉　イラク戦争の人道復興支援で03年から日本の自衛隊もイラクに派遣されましたが、その時戦車などに日本の漫画『キャプテン翼』のマークを付けたそうです。中東にはサッカー好きの人たちが多くて、『キャプテン翼』が現地で大流行したことがあったのです。日本の自衛隊ということを証明することで付けたのですが、そのおかげで1台も襲われなかったのです。

猫組長　アメリカからはシェールガスも出ているし、こうした中東と日本の関係もあって、日本がエネルギー危機に陥った時は、中東が助けてくれるというのが私の感触です。

渡邉　アメリカは1975年のオイルショック後、国内備蓄を確保してガソリン価格を維持するために原油の輸出を禁止してきました。しかし、オバマ政権でシェールガス・オイルの日本輸出を解禁し、2016年に43年ぶりにアメリカから原油を輸入できるようになったのです。また南米やインドネシアなどの供給地からもエネルギーを供給できるようになっているというのが大きいでしょう。

ただし、中東の混乱の一つの原因、11年からのシリア騒乱に関しては、実は日本のせいである部分が非常に大きい。

猫組長　どういうことでしょうか？

渡邉　1948年からの中東戦争以来、中東は戦争と報復テロの連続で和平が色々なところで試みられてきたのですが、結局まとまらない歴史がありました。アメリカ主導でも、中東主導でも話が進まないという中で、第一次安倍晋三政権下で外務大臣になった麻生太郎氏の元、07年1月に日本はイスラエルと「戦略対話のための覚書」に調印します。そして同年3月東京で日本、イスラエル、パレスチナ、ヨルダンの閣僚級4者による、パレスチナの経済的自立を支援する「平和と繁栄の回廊」構想の発足会合が開かれます。以後、麻生氏がけん引する形で日本が中心になって中東和平が進められてきたのです。

石油ショック以降アラブとの関係は国家存続を左右するということで、官だけではなく商社を代表とする民も含めて、日本は中東との関係を非常に重視してきました。産油国の多くは王族国家ですが、日本は世界最古の王室を持つ国家で天皇に謁見することは、中東の王族の人たちにとって最大の名誉であるそうで、王族外交も裏表で繰り広げられてきたのです。中東和平はそうした、皇官民の協力が前提があってできていたのです。

ところが、２００９年7月に民主党に政権交代し、それを主導できる人がいなくなり、中東和平はアメリカに投げる格好になりました。しかしオバマ政権下で大統領特使として、中東問題を担当したのは後に国務長官になるジョン・ケリー氏。「平和主義者が戦争を起こす」というのはイギリスの首相だったチャーチルの言葉ですが、ケリー氏はその典型的な体現者でした。２０１２年6月からシリア内戦終結を目指した和平会議「ジュネーブI」が開かれましたが、決裂。これが中東の大混乱の最大の要因になっているわけです。

もし、日本が継続して中東和平を行っていれば、実際はどうなったかわからないわけですし、中東との話し合いのパイプがそのまま維持できていれば、ここまでの混乱にならなかった可能性が高いのです。

第四章

経済ヤクザと巨額ペトロダラー

ヤクザが石油に群がった

渡邉　ここまで日本国内については、石炭から原発まで続いたエネルギーと暴力団の関係史を。国際社会については、戦略物資である石油の取引においてドルが支配的であり、そこにドルの強さの一因があり、アメリカの強さもあるということを立体的に解説しました。
　経済ヤクザでも石油に関係した人はかなり少ないと思いますが、そもそも猫組長さんは、どうして中東と関係するようになったのですか？

猫組長　渡邉さんとの共著『山口組分裂と国際金融』（徳間書店）で少し触れましたが、1996年からの金融ビッグバンで一気に規制緩和が進む中、原油の先物取引が活発になってきたのです。東京大学を出てメガバンクに勤めていた人物がいて、私が情報収集要員として証券会社に転職させていました。当時は暴力団関係者が、金融機関、財務省、金融庁にまで人を送り込んで重要情報にアクセスしていたのですが、2003年ごろその人物が「燃料のスワップ取引が増えています。中国の原油需要に関係しているようです」という情報を教えてくれたのです。

渡邉　コモディティー・スワップ、商品スワップと言われるもので、エネルギーや非鉄金属などの商品価格を対象とするスワップ取引ですね。石油製品を調達する企業が、金融機関とスワップ取引をする場合、企業は金融機関に取り決めた固定価格を支払い、金融機関は石油の変動価格を企業に支払います。企業は変動価格リスクを回避でき、金融機関は固定価格が変動価格を上回っている限り利ザヤを稼ぐことができるという仕組みです。燃料のスワップ取引が増えているということは、その分野の市場が活性化しているサインと言えるでしょう。

猫組長　実際03年に中国が戦略石油備蓄基地の建設を開始し、中国政府は「戦略的石油備蓄の目標を大幅に増やす」と発表しました。そのころ、在京組織に所属している知人が、「バレル5ドルで毎月2500万（円）の儲けや。アメリカンドリームやで」と言いながら、シティバンクのステートメント（入出金明細）を見せてくれました。その人は、いち早くドバイへ進出して中国向けの石油を扱っていたので「アメリカンドリーム」じゃなくて、「ドバイドリーム」なのですが……「バレル5ドル」は、「1バレルにつき5ドルがコミッション（手数料）として支払われる」という意味なので、毎月500万バレルの固定契約をまとめたということです。

渡邉　原油の取引単位のバレルは、19世紀のアメリカで輸送用に使っていた樽を指していて、1バレルは約159リットルですね。

猫組長　他にも石油で儲けた人間を何人か見た私は、石油取引を徹底的に研究して04年ごろに原油の先物取引から現物取引への参入を目指しました。世界的に原油の需要が高まっていたものの、日本国内では一般の人が原油の商いができないことに気が付きました。日本には一種のカルテルがあって商社を経由した石油以外流通できないのです。

渡邉　産油国でない日本では、石油は元売りが支配していて、原油安定のためにカルテルを形成しているということでしょう。

猫組長　日本の企業の特徴で、株の持ち合いをやっていますし、多くの大手企業同士では役員の人的交流があります。例えば1999年まで三菱石油という石油会社がありましたが、三菱グループ系ですから当然、三菱系の銀行があらゆる決済に入っているわけですよね。三菱石油の下には何社かの中小の石油会社があったのですが、そうした企業には役員に三菱銀行系や、三菱石油などの大手メジャー系役員が入っていることがほとんどなので、そうした中小の石油会社が自分で安い原油を入手しようとしても、銀行の決済が下りないのです。

渡邊　取引相手から商品を輸送するまで時間がかかる貿易取引の場合、特殊なリスクが生まれます。例えば輸入業者が輸出業者に前払いすれば商品を入手できないリスクを輸入業者が負い、輸入業者が輸出業者にあと払いをすれば輸出業者は代金を回収できないリスクを負います。こうしたリスクを回避するためにこうした貿易取引では「L／C（信用状）取引」が行われることがあります。

売買契約を結んだら、まず輸入業者の地元銀行に「L／C」を発行してもらい、その「L／C」を輸出業者の地元銀行に送ってもらい、輸出業者の地元銀行は「L／C」が発行されたことを通知して商品を送るという仕組みで、輸出入業者の地元にある銀行が「L／C」つまり「信用状」を発行して仲立ちすることで、貿易独自のリスクを回避して円滑に商取引を成立させるというものです。日本の中小の石油会社が、勝手に原油を入手しようとした場合、「L／C」も出ないのですか？

猫組長　一切出ませんね。その当時の石油の価格は1バレル当たり70ドルでしたが、私は60ドルでの売買を決めてきて営業をしたのです。買う気になっていた方を見つけても結局無理でした。「エネルギーの独自輸入ラインを増やすことは国益じゃないですか。あんなに乗り気だったのに何でダメになったのですか？」と尋ねると、その方は「本当に悔しいんだよ」と泣きながらこう答えてくれました。

「価格維持のためにそういう石油は扱わせない。買うための借り入れの決済も下りなかったし、L／Cも組めなかったんです」

こればかりはどうにもならないですね。一般消費者が直接損をしていないということで、独占禁止法も難しいので本当にどうしようもないのです。

渡邉　石油は最重要のインフラですから価格維持もまた国益ということなのです。

ただ独り売り手側に向かう

猫組長　話を元に戻すと、中国がすさまじい経済成長をしていて、石油需要がありました。もちろん、ヤクザも目を付けていたのですが、その多くが走ったのは、中国のバイヤーサイド（買い手側）の方でした。欲しがっているところに目がけて行って、注文ばかり取ったのです。そこで、私は逆の方——セラーサイド（売り手側）に向かいました。「安い原油を現地へ買いに行って、欲しがっている国に売ればいいんじゃないか」という発想です。そこがスタートですよ。

最初に接触したのは、マレーシアの国営石油会社、ペトロナスでした。そこの副社長の知り合いがたまたま在京の元住吉会系の人で、その人に紹介してもらって首都・クアラルンプールにあるペトロナスツインタワーに行ったのです。エレベーターが72階で止まり、長い廊下を歩いて部屋に入ると、50歳過ぎの小太りな男性が机に座っていました。「原油を扱いたいのですけど、出してくれますか？」という話をしたら、

「原油が欲しいならマレーシアに来たのは間違いだ。日本への原油は大手商社を通じてでしか行わない。個人のブローカーが、長期間の定期的取引であるターム契約を仲介することは不可能である。扱うならスポットものにしろ」

と言われました。石油にはいくつかの売買契約の形態があって、例えば日本の場合だと「ターム契約」という期間契約を結びます。期間は1、2、3年などの年単位の長いものになります。スポットはその逆の単発契約で、量もその時々です。5万バレルの時もあれば、30万バレルの時もあります。

「石油」とは化石燃料を指す広義な言葉です。例えば原油は採掘後に水分や異物、ガスなどを大まかに取り除いたもの。原油「製品」で、お馴染みの「ガソリン」は「製品」なのです。原油市場もあるのですから当然、製品には製品市場があって、製品のスポットもた

くさんあるわけです。重油、軽油、灯油、ジェット燃料、ナフサ（未精製のガソリンで、多くの石油化学工業の原料となる）……これらは原油からできるのです。しかし、例えばある原油からガソリンを偏って作りすぎると、需給のバランスが崩れて、余剰したガソリンが安売りされたりします。こうした安売り製品は世界中にたくさんあり、例えばガソリンの安売りが出たらそれを買って、ガソリンの需要があるところに運べば儲かると。なので売り手として石油を扱う際には原油をやるか、製品をやるかという選択肢はあります。一番儲かるのは原油なのですが、私は両方やりましたね。

「個人のブローカーが大手商社と競争するには、〝価格〟しかない。そのためには、格安のスポットものを探すのが一番である」

そうペトロナスの副社長に言われた私は、「安いスポットものは、どこにあるのか？」と、今思うとかなり恥ずかしくなるほど初歩的な質問をしました。相手は、真面目な顔で、「危険なところにある。大手商社が手を出さない危険地帯や紛争地帯に行け」と教えてくれました。そして、この副社長は原油取引に協力してくれそうな人物を紹介してくれたのです。その人物は、アブドゥラさんというブルネイ王国の王族の人で、その時ちょうどマレーシアのランカウイ島にバカンスに来ているとのことでした。私はその足で飛行機に乗り、会いに行くことにしました。

「昨日は〝スミヨシカイ〟に会ったよ」

渡邊　ブルネイ王国は、ボルネオ半島に位置する人口40万程度の小国ですが、石油や天然ガス等の化石燃料資源が豊富ですね。

猫組長　国民1人当たりの購買力平価GDPが日本より高く、世界トップレベル。1990年代に、当時のブルネイ王室皇太子を一晩500万円で接待したとAV女優が週刊誌で暴露して話題になりました。

到着翌日、ホテル近くのマリーナでアブドゥラさんに会いました。30代で、ジーンズ、Tシャツ、サングラス姿、どう見ても王族に見えないのですが、100フィート級のクルーザーに20人ほどのスタッフを従えていました。アブドゥラさんはとても気さくな方で、

「昨日も日本のヤクザに会ったよ。〝スミヨシカイ〟というグループだ」

と言います。驚きましたが、私をマレーシアのペトロナスに紹介してくれた方が元住吉会の方だったので、それもあるかなとは思いましたね。ただし、多くのヤクザが中国に飛

んで買い手を探していると思っていたので、売り手に回るライバルに先を越されていたことはショックでした。油断していたということです。後日、バイヤール島に行くと、あきらかにそれとわかる2人組がいました。50フィート級のクルーザーを浮かべてダイビングをしていたのですが、一言も話すことはありませんでしたが……。

自分の目的を伝えたのですが、アブドゥラさんは、「ブルネイの石油会社から、ディスカウントのスポットものは出ない」と言います。しかしその場で携帯電話をかけてくれて、次に紹介されたのがサウジアラビア王国の石油会社・サウジアラムコの人でした。

渡邉　サウジアラムコといえばサウジアラビア王国の国営石油会社で、保有原油埋蔵量、原油生産量、原油輸出量が世界最大の会社ですね。そこへ行ったのですか？

猫組長　行って、アブドゥラさんが紹介してくれた人と交渉しました。「スポットで売ってくれないか？」と、ところが、「ウチのような大会社は直接個人のブローカーに売るわけにはいかない」と言われました。あぁまたダメだと思ったところ、「イエメンにアロケーションホルダーがいて、ココは勝手に出せるから、行って契約してきたら安く買えるよ」

と言われて、イエメンのある部族長を紹介してくれたのです。アロケーションホルダーとは、油田から原油を採掘して販売する権利を持つ人のことです。もちろん採掘権と販売権は独立していて、開発企業などは採掘だけするところもあります。

渡邉　なぜ油田がサウジにあるのに、権利者がイエメンなのですか？

猫組長　サウジアラビアの石油の権利はサウジアラビアの部族が所有していると思いがちですが、実はイエメンにはサウジの石油の権利を持った部族がたくさんいます。不思議ですよね？

2016年8月17日の産経新聞電子版に、「イエメンからロケット弾着弾し7人死亡　サウジ南部、フーシ派が越境攻撃か」という記事が掲載されているのですが、その内容は〈サウジアラビア南部ナジュラーンに16日、内戦状態の隣国イエメンからロケット弾が着弾し、国営サウジ通信によると民間人7人が死亡した。サウジと敵対するイスラム教シーア派系武装勢力「フーシ派」による越境攻撃とみられる〉というものです。このように、イエメンにはサウジアラビアに抵抗している武装グループが多く存在しています。

記事の「フーシ派」はイエメン政府とも敵対しているのですが、こうした反サウジ勢力に抵抗している部族もあって、敵の敵は味方ということでサウジアラビアが援助をしているのです。しかし、武器供給やお金を直接渡すと、さまざまな問題が起きるので石油の権利を与えているのです。「勝手に注文取ってくれれば、売れる石油を出してやる。そのコミッション（手数料）を払うから、これで頑張って戦えよ」ということですね。

国境でゴミのように捨てられる黒人たち

渡邉　イエメンへは直接入れたのですか？

猫組長　オマーンの首都・マスカットを経由して、サラーラ国際空港から陸路で入りました。「神は偉大なり。アメリカに死を。イスラエルに死を。ユダヤ教に呪いを。イスラムに勝利を」これは、その「フーシ派」の掲げるスローガン。拘束された時にこれが言えるか言えないかが生命の分岐点なので、私は万が一を考えてアラビア語で暗唱できるようにしていました。イエメン内には「フーシ派」とも敵対する武装組織も多くあります。中東は部族社会なのですが、自治も各部族が維持しているのです。

渡邉　戦後の日本でヤクザが治安維持していたようなものですね。国境の中にあって国家の枠組みに入っているけど、そうしたエリアに関しては自治区と呼ぶべきものですね。

猫組長　しかしイエメンだから営業ができない、何より、危ないし遠いのでお客さんは来ないです。サラーラ国際空港からイエメン国境まで80マイル（約128キロメートル）。通訳兼ガイドは饒舌なハサンさん、ドライバー兼ボディガードが寡黙な大男のノブユキさんで、合計8人ぐらいの部隊でランドクルーザーに乗って国境を越えました。

渡邉　日本人がいたのですか？

猫組長　中東には「ノブユキ」という名前がよくあるようで、「幸運に恵まれている」というアラビア語なのです。イエメンと聞くと砂漠のイメージを持つ人が多いと思うのですが、砂ぼこりは激しいものの道路は整備されていて、アスファルトの道を走ります。

渡邉　そうした人たちは、いわゆるＰＭＣ（民間軍事会社）のようなものなのでしょうか？

猫組長　ＰＭＣというのはイエメンには全然いません。現地の部族の自警団みたいなのがあって、そこをお金で雇うわけですよ。その時はエスコート代金として2万ドル渡しました。

渡邉　中東だとジャーナリストが武装勢力に誘拐されたりしますよね。被害に遭うと「騙された」と言うのですが、そのリスクはないのですか？

猫組長　そういう人たちは、報道目的で危険なエリアに入るわけでしょ？　相手にとっては何の得もないわけです。一方で、私は利益を追求して入りますから、拉致して殺すよりも、乗っかって一緒にお金を儲けた方がいいわけですよ。

渡邉　武装しているのですか？

猫組長　当然、武装しています。国境を越える直前に商店へ水を買いに行くと、7・62R（ロシアン）弾（＝AK－47の弾）がカートリッジで売っていて、「ちょっと待ってくれ、弾ないから買ってくるわ」みたいなノリです。

国境までは3時間以上かかりましたが、簡素なゲートと小さな建物の国境検問所に着くと、中からは肩にAK－47をかけた兵士2人が出てきました。そして、信じられない光景を目にすることになったのです。

銃を持った兵士に挟まれるようにして建物に入ると、目に飛び込んできたのは、大きな檻に入れられた10人ほどの黒人です。良く見ると、お互いの首と足はそれぞれ鎖でつながれています。ハサンさんが「オマーンを目指すソマリアからの密入国者。コイツら、数が纏まったら北部の砂漠へ捨てに行くんだ」と、まるでゴミでも捨てるかのような口振りで、その末路を教えてくれました。ただの密入国者にしては扱いが冷酷すぎますが、国境の兵士がヘタな英語で黒人たちにこう問いかけました。

「アルカイーダへ何をしに行く？」

つまり、拘束されていた黒人は、ソマリアからのアルカイーダの志願兵だったわけです。

金払いの良さと行動力こそがヤクザ経済のアドバンテージ

渡邉　ここまでいくらくらいのお金を使っているのですか？　現金しか通用しない状況ですけど、だいたい現金持ち込み可能な金額は約2万ドル前後ですが……。

猫組長　約10万ドルです。1ドル120円台で、手数料など入れてだいたい1500万円ですね。金払いの良さと、行動力こそがヤクザの経済活動のアドバンテージで、一般企業に対抗できる武器です。

日本で稼いだお金をアメリカドルにして、現地でキャッシュで払うのですが、現金携帯輸出許可を取ればキャッシュの持ち込みは簡単です。日本だったら日本で輸出許可を申請すれば、1000~2000万円はまったく問題ないです。相手国の持ち込み制限額を超える場合は、事前に許可を取ります。ファイナンスコーディネーターが必ずいて、例えば土地を買うという目的で手数料を払ってドキュメント（書類）を作ってもらえば現金を持ち込むことはできます。銀行の支店長小切手のような証券で持ち込む方法もありますが、それをキャッシュにするのに手数料がかかるしリスクが高いので、全部現ナマにしました。

渡邉　銀行の支店長名で発行する銀行振出小切手は、どこへ持って行っても換金できる有価証券です。ゴールドマン・サックスの最高経営責任者から、第74代米財務長官になったポールソン氏が書いた『ポールソン回顧録』（日本経済新聞出版社）で明かされた救済劇にも登場します。

２００８年にリーマン・ブラザーズが経営破たんしたリーマン・ショックでは、モルガン・スタンレーの連鎖破たんが予想されたばかりか、日本のメガバンクの破たんも危惧されました。その救済協力をポールソン氏は当時財務・金融相だった故・中川昭一さんに要請しました。しかし、その金額は90億ドル（当時のレートで約９６３０億円）。さすがの三菱ＵＦＪが迷いに迷って、アメリカ財務省の直接の働きかけもあって、もうＳＷＩＦＴ送金を使っても間に合わない時間帯になってしまい、90億ドルの小切手を持ってアメリカに飛んだという話です。

猫組長　回顧録といえば、第13代ＦＲＢ（連邦準備制度理事会）議長を務めたグリーンスパン氏の回顧録にも、面白いことが書いてあります。「イラク戦争は、主として石油のためであった」。あれだけ大量破壊兵器と言っていたのが木っ端みじんになって、大騒ぎでした（笑）。

渡邉　猫組長さんといえば、高級ホテルに泊まり、高価な食事をしたりと、かなり豊かな都会的生活をしないと生きていけない印象ですが、そういう未開の土地での生活は不自由だったりしないのですか？

猫組長　全然！　これは余談になりますが、色んなところを国際手配で逃げていたでしょ？　私。最初は高級ホテルでゆったりしていたのですけど、全然面白くない。ふと街へ出ると、バックパック背負った若い子らが楽しそうにワイワイやってるのです。慌ててバックパックを買って、高級ホテルへ荷物を置いて、着替えだけ詰め込んで若い子の中に混ざってバスに乗って、一周ぐるっと回ったんです。1泊500円とか600円の宿ですよ。楽しい楽しい。最高でした！

渡邉　たまーにそういうことやりますよね。こないだTwitterで驚いたのが、燕グリルで食事していたことです。美味しいですけど、どうもイメージに合わない。

猫組長　美味しいですよ。高級ですよね、高いですよそこそこ。

渡邉　3000円ぐらいでしたっけ？　ハンバーグ。

猫組長　いや、1200円ぐらい（笑）。美味しいじゃん。価格じゃないですよ。

渡邉　詳しいじゃないですか（笑）。ところで現地では何を食べていたのですか？　豆と羊というイメージですが。

猫組長　現地はひどかったですねぇ。豆系が多いですよ。あとは小麦粉を練って焼いたような、パンのようなものですね。国際標準で動物性たんぱく質といえば羊なのですが、私は羊が嫌いなのでできるだけ羊をかわすようにしていました。チキンも食べるので、チキンがある時はそれを選んで食べていましたね。追い詰められた時はベジタリアンの振りして、野菜や豆だけ食べてました。

初めて触れた原油の感触は…

渡邉　いよいよ部族長と会うのですか？

猫組長　部族長に会う前に、目的地近くの都市部のホテルに泊まって打ち合わせをするわけですよ。1泊約1200円で、テレビは壊れていました。そこで、現地の部族長の部族に所属する紛争地専用のコーディネーターと交代しました。地元の顔役みたいな人なのですが、その人から礼儀やしきたりや、「こういう質問はやめてくれ」「こういう態度はやめてくれ」、などのレクチャーを受けてそこからようやく部族長との面会です。

ガイドの料金はフルコストで1人3万円、現地男性の平均月収が当時で2万5000円くらい。そこに、プラス個人的なコミッション契約を結んで、「このビジネスを成功させたらあなたたちにこれだけあげましょうという」インセンティブを付けます。すると、向こうは、何があってもこの人を守ろうということになるでしょう。そうしたインセンティブは試算表にしてあって、それを見せて相手が納得したらサイン。その種の試算表のひな型があって、ガイドが作ってくれるのです。

人数は送る方のガイドと入る方のガイドの両方が付くので国境を越える時と、中継地点に行くまでが多くて、国境を通過すると一気に人数が減って顔役も含めて4人になります。

渡邉　ターバンみたいなの巻くんですか？　猫組長さんといえば、トム・フォードのスーツですが。

猫組長　私は異教徒ですから巻く必要はありません。ちなみにその時はTシャツ(笑)。

ようやく会った部族長は外見が60歳前後で、パレスチナ自治政府のアラファト初代大統領に似ていました。建物の入り口には、文字の書かれた大きい布が貼られていて、「ジハードのために体を張れ。体が張れないならカネで応援せよ。それもできないなら祈っていろ」という、コーランの一節が書かれていました。まるでヤクザの世界と同じだと思いましたね。

日本からわざわざ石油を買いにお客さんが来るからというので、出迎えも盛大。鉄板を貼った石垣に囲まれた200坪くらいの敷地に中東独特の家があって、そこに身内が全員集まってくれていました。部族長は日本がどこにあるのかも知りませんでしたが、遠いところから会いに来た私を心からねぎらってくれました。私は英語、通訳がアラビア語で話すのですが、「日本はどの辺にあるんだ?」とか、「すごいなお前ら、俺の石油を買ってくれるのか?」と、とにかく大歓待です。

渡邉　簡単に言うと、ふた昔ぐらい前の、離島の漁協のドンみたいな感じですね。ビジネスに入る時、アメリカですと、スパンと友好関係を切ってドライに商談が始まりますが、向こうも同じ感じで仕事の話に入っていくのですか?

猫組長　向こうは違います。信頼関係を築くことから入っていきますので、ビジネスは会って、握手して、ご飯を食べた時点でほぼ終わっています。とても甘い練乳入りのお茶、シャイハリブを飲みながら、原油取引について話し始めると、「いくらでも売ってやる」と部族長は嬉しそうに答えてくれました。「フーシ派と戦う資金を捻出するために、アロケーションを与えられている」ということで、向こうも売らないとどうにもならない。私と先方の利害は完全に一致したということです。

価格の交渉はその石油を扱っている実務者が出てきて、「今これだけのこのコストでこれだけだから、このぐらいでどうですか?」と持ちかけてきたので「じゃあこのぐらいにしてくれよ」と言ったら、「ああ、それでいいよ」というレベルでした。

「ポン手屋」と「BC屋」

渡邉　石油取引には巨額な資金が必要ですが、それほどの資金を所有していたのですか?

猫組長　それにはまずポン手の話をしなければならないですね。

支払期日にポンと飛ぶ（不渡りする）から「ポン手」と呼ばれる手形があります。最初から、口座と手形帳のためだけに会社を設立して、その後、ポン手屋が手形をバラ売りするのです。東京なら新橋や御徒町、大阪なら日本橋に多いのですが、そうして販売される「ポン手」には支払期日が記入されていて、その日には同じ会社の手形がすべて不渡りになる仕組みです。額面は好きなだけ入れられますが、高額になれば印紙代が高くなる。借金の為の融通手形・取り込み詐欺・支払延期の目的で利用されることが多いのですが、親切なことに、期日までは事務所も存在し、事務員が電話応対までしてくれるのです。「来月末が命日や。安うするで」と、支払期日までの残り期日が短くなるとディスカウントされます。

渡邉　日本のポン手を石油決済に使うのですか？

猫組長　いえ、このポン手屋の国際版が「ＢＣ屋」と呼ばれる業者で、こちらはバンクドラフト（送金小切手）やＢＧ（bank guarantee ＝バンクギャランティー／銀行保証）を請け負ってくれます。「ＢＣ」は「バランス・サーティフィケート」の略で、和訳すると「残高証明」。ＢＣ屋は手数料さえ払えば実際に銀行へ資金を入れて、１００億ドルでも１０００億ドルでも、いくらでも残高証明を出します。ヤクザがビジネスで本領を発揮するのが「ＢＣ屋」のような手段を、厭わない点です。

イエメンの部族長から原油販売のマンデート（委任状）を手に入れた時も、世話になったのはＢＣ屋。仲介するだけにしても、買付資金を証明できない者は信用されないということで３００ミリオンＵＳドル、当時の為替レートで３５０億円のＢＧを見せて、取引の承認を与えてくれました。しかし私がこの証券を作るのに使ったお金は約８００万円で、シティバンクが発行した本物なのですが中身はスカスカのポン手と同じです。

石油取引というのは、ものすごく面白くてその取引に関与した人を全員もれなくコミッション（手数料）の契約書に載せるのです。「紹介者A　バレル1ドル」、「仲介者B　バレル2ドル」、「協力者C　バレル0・5ドル」という感じで。その取引に関わった人が全部入るようになっていて、誰が誰の紹介で、どういう流れができたかが切れないようになっているのです。

渡邉　ある意味、お互いの安全保障にもなっているわけですね。

猫組長　その中にまた枝のコミッションリストがあって、これは個人で編集できます。私の場合、連れて来てくれた運転手に「成功したら枝のコミッションに載せて、これだけあげるから」というのをちゃんと言っておけば、文字通り命を懸けて守ってくるわけです。

渡邉　家系図みたいになりますね。エスコートが1人3万円でも、コミッションの方がはるかに高い。

猫組長　中東で誘拐されたり、殺されたりするジャーナリストは、現地の人に利益を還元しようとかそういう思想で行っていないじゃないですか。自分の欲望とか、自己利益だけ追求して行っているから、あのようなことになるのです。自分たちにお金儲けをさせてくれる人に危害を加えようとします？

渡邉　まったくその通りで、卵を産む鶏を殺すバカはいませんね。部族長との契約書というのはどういう風に結ぶのでしょうか？

猫組長　油田はサウジにあります。サウジアラムコの下に別の会社があって、アラムコから そこを指定されて、仮契約書みたいなのを書いてもらっていました。文書代だから数十万円ですが、石油供給が始まるとここにもコミッションが落ちます。その書類を部族長のところに持って行ったのですが、そこにサインするところが何カ所かあって、「そこを埋めてください」──こういう価格で決まりました」という感じです。

日本だとそういう書類が本物かどうかをチェックしてくれる有資格者なり、公的機関なりがありますが、イエメンにはありません。当然騙される可能性もありますね。しかし、サウジアラムコが発行してくれた書類には、アロケーションナンバーという番号が入ってました。アロケーションナンバーが出ると、アロケーションナンバーを持っている人のところへ買い手が殺到するので、買い手と売り手が決まるまで絶対に伏せる番号なのです。この時はアラムコの子会社が書類作成時に、初めてその場でアロケーションナンバーを私にオープンにしてくれました。この番号が本物かどうかはすぐに確認できるので、「部族長のところへ行けば、石油を本当に売ってくれるのだ」ということがわかったのです。このアロケーションナンバーが書類などの真偽を証明するわけです。

石油関連の書類はアラビア語ではなく、英語で書いてあります。商法は英米法をベースにしたものが使われていて、やはりドル建て。街のいたるところに「アメリカ死ね」と書いてあっても、結局英語とドルと、英米法からは逃げられない。部族長は英語を読めませんが、契約とかはある意味どうでも良く、「買ってくれよ」「買いますよ」「頼むよ」これで終わりなのです。会ってご飯食べて契約まで半日。ちょろく思えるかも知れませんが、ここまでたどり着く人はほとんどいません。

イスラム法の商習慣と英米法

渡邉　サウジアラムコに行くまでに壁がいくつもあって、人の紹介、人脈がなければ無理です。たどり着いたとして、そこの専門の事務所に紹介してもらって、紹介された先がイエメンで……となると、日本人の何人に1人がイエメンまで自腹切って行こうと思うかっていうことですよね。

猫組長　そこなんですよ。イエメンの部族の人たちへの支払いは、サウジアラビア側が払ってくれます。オイル取引がスタートになったら支払いです。私は、その時その時の経費をその場で払うだけです。

渡邉　日本人にとって一番理解できないのは、イスラム圏の商習慣とビジネスモデルでしょう。イスラム圏ではイスラム法によって金利を取ることが許されないという建前があるわけです。実際はそうではないのですけれども。しかしながら油を扱う上では相当お金を動かすわけですから、お金の貸し借りというものが生じると思います。どうしていたのでしょうか？

猫組長　イスラム法をシャリーアというのですが、コーランに「リバー（利子）を取って金銭を貸すことを禁止する」という言葉があって、これに従って、シャリーアで「利子の取得を禁ずる」と定められているのです。すさまじい規則なのですが、シャリーアに固執すると、グローバルなビジネスに付いていけないのはイスラム教徒もわかっています。

結局、多くのサウジアラビア系の海外原油取引の銀行決済はロンドンで行っています。最終的にイギリス系の銀行で決済をして、そこから皆に分配する形になる。経済活動において、イスラム法原理主義と言っていたら、何もできないし誰も石油を扱ってくれないわけですよ。だから英米法に基づいた契約書にサインして、ドル建てでイギリスでの決済で問題ないのです。

渡邉　共同出資の仕組みをムシャラカ、集めた資金を事業者が投資・運用して出資者に還元する仕組みをムダラバと呼び、それがイスラム金融の基本となっています。とてもユニークなシステムですが、石油ではこれに準じなくても大丈夫ということなのですね。

もう一つ重要なことは、イスラム圏では所有権という概念がかなり限定的なのです。王族国家においては基本的に土地、建物、場合によっては生命、財産までも、王様のものなのです。インドも良く似ているのですが、一般国民は王様の所有物を賃貸するという形になる。不動産だと所有権ではなく、利用権になります。こういう背景があるので、中国の共産主義と、仕組みの面では非常に親和性が高いようです。

猫組長　シャリーアに厳しいのは基本的には個人間で、すごく規模の小さい小口の場合なのです。石油取引などで使われる金融スキルなどは、グローバル化していかないと付いていけないので、その返はわりとドライです。つまり普通の資本主義の感覚でビジネスをしていても問題はありませんでした。

渡邉　世界最大の石油会社のサウジアラムコが2018年度に5％の新規株式売り出しを

準備しています。超巨大ＩＰＯに対して世界の株式相場で勧誘競争が行われていて、ニューヨーク株式市場にも上場するという話です。サウジアラビアの国営企業であるサウジアラムコがアメリカで上場するということは、完全にアメリカの仕組みの中に入っていく。サウジアラビア側の思惑としては、上場によって株主という外部のステークホルダー（利害関係者）を得ることで、金融制裁されづらい環境を作ることができるところにあるでしょう。アメリカ人に株主がいれば、アメリカもなかなか制裁しづらくなるでしょうから。

このサウジアラムコのＩＰＯの件も含めて、イスラムにおいても、それこそベールも何もしない世俗化されたイスラムと、原理主義のイスラムが対立しているわけです。世俗化というのはすなわち「アメリカ化」ということなので、対立の中心にはアメリカがある。この意味で世俗化されたイスラムの人たちは基本的に豊かになり、豊かな人たちに対するルサンチマンを原理主義の側が蓄えていて、感情的な対立がますます強くなっていっているという側面もあると考えています。

建前上シャリーアはあるけれども、建前よりは現実ということですね。

一発目は3カ月で5000万円の儲け

猫組長　契約をするとサウジアラビアから、直接買い手のところにオイルが行くわけです。お金はサウジアラビアに一回入って、そこから分配になるのですが、この時の私の役割は一種の営業ということですね。

渡邉　不動産仲介業みたいなものですね

猫組長　そちらの方が近いですね。そう。仲介業みたいなものなのです。仲介する権利をイエメンまで行って手に入れたということです。しかしこれが石油ビジネスの全部ではありません。スポットなら自分で買うこともできます。もちろん自分で買った方が利益は大きいのですが、代わりに輸送コスト、補完コスト、あと契約がダメになった時のリスク、これらがすごく大きいのです。

私もスポットはたくさんやりました。製品を現物で買って転売しましたが、原油の方はスポットでも個人で買うのは無理なので仲介だけです。

リファイナリーという備蓄して精製する施設があって、原油を扱う場合このタンクをあけるのがすごい大変なのです。まず、空いているところを探さなければならないし、場合によっては空けさせなきければいけません。さらに、タンカーの手配、そしてシッピングも大変でしょ。これらを全部フルセットで、1人でやるのは絶対無理です。

渡邉　石油の価格は、ニューヨークの備蓄量の影響が非常に大きいのです。原油が出ても備蓄できないと買っても意味がないということで、この備蓄量がリミットに達すると一気に暴落するのです。

猫組長　毎月、何回も石油備蓄量統計を発表しますが、これが満タンになると、これ以上需要が増えないということになり、価格が一気に下落します。ただし、これもカラクリがありまして、民間用の備蓄量と軍事用の備蓄量は別で、軍事用の備蓄量は軍事機密ということでオープンにしないのです。

渡邉　加えて、今はタンカーに積んだまま備蓄してしまう洋上備蓄というのが増えています。これも備蓄統計に入らないのです。例えば備蓄基地がフルになった時に、洋上でタンカーをチャーターすればチャーター料だけで備蓄できます。コストとバランスして、安い古いタンカーを備蓄用に調達して持っているところもあります。

今までは発表される備蓄量と実備蓄の量は軍事用を除いてほぼ一致していたのですが、

船舶余剰の問題もあり、かなり違うようになっています。どのくらいの期間で、どのくらい稼いだのですか？

猫組長　最初の扱い量が、約40万バレルでシンガポールに売ったもので、何回かに分けての契約をやりましたから、それでたぶん7～8000万円ぐらい儲けですね。ここまでの期間が準備も含めて3カ月で、使ったお金が1500万円ですから、だいたい3カ月で約5000万円くらいの粗利です。

渡邉　「毎月1500万円のアメリカンドリームやで」に近いですね。

猫組長　危険性を考えれば、金融で儲けた方が効率は良いでしょう。しかし、これで石油を扱うノウハウを手に入れたわけですよ。

その次に目を付けたのが、注文を持っている買い手がたくさんいた中国へスポットでの原油の仲介です。ところが石油は戦略物資ですから、取引をアメリカがすごく厳しくコントロール、監視しているのです。産地による仕向け地制限というものがあり、例えばサウジアラビアの石油を直接中国へは送れない。このように仕向け地制限で原油、製品も含めて石油を送れない国がかなりあることに気づいたのです。

ところが石油を触っているヤクザが気づいたことがあったのです。ドバイには原油の取引市場と、取引基地があるのですが、ドバイからのスポットの中には中国へ出せる石油があるということに。それで2008年ごろ、ヤクザが一気にドバイへ集中したのです。もうヤクザだらけ。

渡邉　ドバイというところは、元々中東とヨーロッパとアジアをつなぐ重要な海と陸との中継地点です。ドバイも産油国なのですが、実際の石油生産量は日量8万バレル程度。石油生産量1位のサウジアラビアが日量約1000万バレル前後ですから、ほぼ採れないということです。ということで、ドバイは国を金融センターにしないと生きていけない、となりました。さらに世界中の投資家に不動産開発をするという前提で、土地の利用権を売って、そこでどんどんお金を膨らませていったと。それが将来的な国家の存続のためのビジネスモデルになる予定だったのですが、ご存知のように2009年にドバイ・バブルがはじけて終わったということです。

猫組長　そのバブル終末期ドバイは、ヤクザだらけでしたね。ヤクザは石油関係派と、自動車を触っている派の大きく2派がいました。自動車というのは、主に盗難車のことです。

2000年代初頭に日本で自動車の盗難ブームがあったのですが、狙われたのはランドクルーザープラド、ハイエース。まだ、イモビライザー（自動車の盗難防止システム）も未発達だったので、盗難車が日本全国から毎日集まってきて、晴海ふ頭から関税フリーのドバイに送り出されていたのです。それを荷受けするヤクザはドバイに盗難車の輸入事務所を作っていました。日本製の盗難車はドル箱商品で本当に儲かったようです。

そうした盗難車にはちゃんとした輸出抹消登録（輸出するための廃車手続き）の書類が全部揃えられて輸出されるのですが、車がドバイに到着後、それらの書類は再び日本に送り返されて新しい盗難車に使われていました。リサイクルですね。

渡邉　先ほど解説した位置関係から、ドバイは元々中東のいわゆる泥棒市場というのの典型みたいな場所なので。石油派とどちらが多かったのですか？

猫組長　石油は少数派の方でしたけど、それでも相当数いました。当時だと、建設派もいましたね。主に「人工（にんく）出し」（派遣）でしたが。

こけた油を探せ！

渡邉　投資家を呼び込むためには世界一の建物をということで、世界一の高さの人工建築物、ブルジュ・ハリファなどがドバイに建設されたわけです。当時、そうした建設ラッシュのために、インドや中国から人が連れてこられました。インド人建設作業員の年間の賃金が約50万円ぐらいでしたが、ドバイ・バブル末期のころで150万円ぐらいまで上がりました。日系建設会社もかなり進出していて、日系の現場には日本のコーディネーターが入って、インドだけではなくバングラデシュやパキスタンなど、世界中から低賃金の労働者を見つけて来て、毎回100~200人規模の人工（にんく）を送り込んでいました。

猫組長　インドには昔から日本人が多くいて、そういうコネクションがあったからですね。

渡邉　石油派同士は仲良いのですか？

猫組長　いやぁ、商売敵ですから仲良くはないですよ。お互い知っていても、関わらないようにしています。大事な商売のネタをお互いで食い荒らす関係なのですから。とはいえ、さすがに殺人までは起こらなかったですね。

石油のビジネスは拡大していったのですが、主な市場はやはり中国でした。当時の中国は、「いっくらでも買う」という状況でしたね。サウジ産はどうやっても中国には入れられないのですが、ドバイで売りに出たスポットものを中国に売っている人を参考にして、一回香港や、シンガポールの商社を通せば中国に送れる油があることを知り、それを見つけて中国に売っていました。

原油は仲介、ガソリンなどの製品は買うことも、というのは変わりなく続けていたのですが、スポットで買いを入れ出すと、色々なところからオファーが来るのです。ロシア、オマーン、クエート……そういう石油のネットワークに自然に取り込まれて、ブローカー同士でのやり取りも始まりました。「この人だったら早いから買う」となれば、石油が余るとそこへぶつけてくる（売りのオファーを出してくる）のです。

あらかじめ契約を結んで売買される石油が余るというのは考えにくいと思いますが、買い手がこけたりするものがポッと出てくることがあるのです。「こんなん出たけど買いませんか？」と、ほぼ毎日。安い指値で買えたら、それを売り口へ投げるというビジネスです。石油のマーケットになっているドバイならではの話なのですが。

マーカンタイルといえばニューヨーク・マーカンタイル取引所ですが、ドバイにもドバイ・マーカンタイル取引所があります。エネルギー関連の商品市場の価格指標を発表するのがプラッツ社ですが、ドバイの価格指標は「プラッツドバイ」と呼ばれます。ちなみにニューヨーク・マーカンタイルの場合は、WTI（ウェスト・テキサス・インターミディエイト）を価格指標にしています。これを基準にして価格が決まるのですが、ドバイには世界中の色んなところから石油が集まって売買がされていて、すごく自由な市場なので人気があったのです。「た」と言うのは、その後私は石油をやっていないのでわからないからです。

渡邉　そういう安売りの石油の売買は、アンダーグラウンドの人同士がやるのですか？

猫組長　ロシアも産油国ですが、ロシア産の油の場合、売り手はマフィアですね。しかし、市場自体は、完全に「表」に向いてます。安売りというのは、怪しげなバッタ屋に格安の品物が並んでいる状態ではなく、過剰に仕入れて賞味期限が迫った商品がスーパーマーケットで特売されているようなもので、現地でポンと出るのです。

具体例を言うと、タンカーが洋上で立ち往生するとかですね。その理由は、払えなくなったり、ひどい時は飛んでしまったりして、買い手がおかしくなって転んで決済ができなくなるというもの。原油を運んでいる途中で転ぶわけですから、困りますよね。「立ち往生」というのは買い手が見つからないという意味で、実際にタンカーはとりあえずの目的地に進んでいくわけです。到着するまでに買い手を探さなければならないのですから、必然的にディスカウントされると。そこで、買い手が決まったら途中の寄港地で仕向け地変更をしてしまうのです。そういう石油は世の中にたくさんあります。

そういう格安のスポットは日本の一般商社もたくさん買っていました。扱う人間がアンダーグラウンドである必要性はないのですが、私たちは単独で、動きが速い。人件費もかからないし、ポッと出るものの中で一般商社が決済に時間をかけている間に買う決断をすることができます。もちろん責任は自分が被るのですが。

渡邉　その場合は、タンカー一隻分なのですか？

猫組長　はい。一隻分です。ただし大きさもまちまちで、扱う量は原油か製品かで違います。製品の場合はガロンではなく、トンですね。当時私の扱ったものだと重油1万トンの単価が1億7000万円で、5万トンだから8億5000万円ですか。

渡邉　蒸留工程で蒸留塔の底部から抜き出される油を残渣油（ざんさゆ）と呼びます。重油は粘度によってA、B、Cに分類され、A重油は90％軽油に少量の残渣油を混ぜたもの、B重油は現在ほとんど作られておらず、C重油は90％以上が残渣油のものです。ちなみにA重油は軽油と非常に近いのにもかかわらず日本では軽油引取税がかからないため、安価な「不正軽油」として売られていることがあります。

猫組長　これはC重油の当時の価格です。販売先の一つとして中国人民解放軍がありました。当時の中国は軍区によって調達方法がバラバラで、軍の幹部と話をすれば軍用のC重油を売ることができたのです。また、逆に政府が軍用に買って備蓄したものを別のタンクに移して横流しするということもありました。

渡邊　２０１６年に人民解放軍は、７軍区を解体して５戦区に再編成していますので、現在、横流しできるかはわかりませんが。

猫組長　製品にはスペックがあるのですが、実は原油にも色んなスペックがあるのです。ＡＰＩ度という原油、製品の比重を表す度数があるのですが、39度以上が超軽質、26度以下が超重質とされ、軽質であればあるほどガソリン成分が多く含まるのです。

扱っているものの中で一番人気があったのは、サウジ産のＬＣＯ（ライト・クルード・オイル）と呼ばれる軽質原油です。世界中どこでも精製できるばかりか、使用用途も多岐にわたります。反対にベネズエラ産の「ＢＣ92」だと超重質原油でそのままではアスファルトや重油にしかならず、精製する施設がほとんどないのです。精製までの輸送コストや、輸出するためには軽質原油を混ぜなければならないので、安くてもなかなか売れません。

このように、色んな産地の色んなスペックの石油があります。スペック表というのが各々の原油、製品にあって私たちはそれを見ながら営業したり、売ったりするのです。なのでどれだけ石油を欲しがっているところにオファーをかけても、「これは硫黄分が多いので」とか「ＡＰＩ度が合わないので」と断られたりします。そういう時は、相手に応じてスペックの要求もします。ブレンドをして「ＡＰＩを変えてくれ」とか……原油も製品もスペックが合わないと売れないのです。

渡邉　硫黄分が多い石油もガスも嫌われるのは、脱硫コストがかかることで、その分安いのです。

「アラビアン・ライト」は日本に…

猫組長　私たちがメインで扱っていた原油は先ほど言ったサウジ産のＬＣＯで「アラビアン・ライト」と呼ばれています。本来はサウジアラムコ社が販売しているのですが、ドバイの石油市場では入手することができます。しかもドバイはタックスヘイブンですから、ここに法人を作れば税金もかかりません。一番ダメなのはベネズエラ産の超重質原油から作った「ＢＣ92」ですが、一度余っていたとＢＣ92が紹介で回ってきたのです。まさに叩き売りの原油でしたが、ベネズエラに行き、現地から直接販売しました。しかし買ってくれるのはアフリカくらいしかなくて、アフリカに売りました。しかしこれがまったく商売になりません。売り手のベネズエラも買い手のアフリカも、銀行のシステム、商習慣すべてダメ。もうどうにもならなかったです。

渡邉　現在、ベネズエラは石油価格下落によってデフォルト危機にあり、一番世界で危ない国となっています。産油国だからある時期は豊かになりましたけど、やはり石油の質が悪いので、石油全体の消費量が減った時、コストがかかるということで誰も扱いたがらなくなったのです。

猫組長　当時でもダメでした。ベネズエラ産BC92はダメです。

渡邉　猫マタギじゃないですか（笑）。石油ビジネスは順調に軌道に乗ったようですが、日本に対しては無理だったのですか？

猫組長　石油を扱う日本の商社、38社ぐらい回りましたね。原油の輸入は許可制で、電力会社などを含めて47社くらいしかないのです。紹介してもらったりして営業に行って、相当の商談をしたのですが、まったく話にならないことがわかりました。

第一の問題はプロであるはずの商社マンに、石油取引の知識がないこと。もちろん実務的な手続きや、表面的な知識は持っていますが、それも自分が受け持つパートについてだけ。商社の石油取引にはヒエラルキーがあって、輸入や販売担当が下流部門、開発や生産に関わると上流部門と呼ぶのです。実にくだらないセクショナリズムで「上流」、「下流」とも相手の部門について知識がないのです。

商談した中で、東証一部上場のある大手商社の石油担当者ほど頭にきた人はいませんでした。最初に会ったのは、今はなき赤坂プリンスホテル。知り合いの紹介でしたので、顔を潰してはいけないと低姿勢で商談にのぞんだわけです。ところが、相手は最初から人をバカにしたような態度で、「素人に石油取引なんかができるわけないだろう」。アロケーションナンバーが入ったサウジアラムコ発行のオーソリゼーション・レターは「この人にオイルを託します」という承認書なのですが、それを見せて、さらに王族が発行したマンデートという委任状を見せても「そんなことをやったら日本の石油市場がおかしくなるだろ！」の一点張りで、にべもないどころか人を見下し続けていました。

この時点で、10社と商談していましたがこれほど非礼な人間は初めてで、ヤクザを隠して丁寧に対応していましたが、相手の不自然なカツラがいらだたしさに拍車をかけてこちらは〝怒髪〟天を衝くばかり。相手が私が見せたマンデート（委任状）をテーブルに投げつけて返した時、ついに爆発。怒ることや暴力が大嫌いな私ですが、「やかましいわっ、アホンダラ」と、立ち上がるや男のカツラを手でパチーンって弾き飛ばしてやったら、ポーンと飛びましたね。

「当行で扱える個人口座の規模を超えています」

渡邉　結局日本のマーケットには参入できなかったのですか？

猫組長　独立系のスタンドなんかはかなり興味を示してくれたのですが、「圧力かかりました」とか、乗り気になっていたのでドバイまで行って契約書を作って持っていても「融資止めると言われました」と涙ながらに断られました。

そんなこともあって、日本で売るのは無理だというのがわかりました。日本の商社や銀行を相手にしていたのでは、石油取引は絶対に成功しないと思っていたので、「石油の販売先も決済する銀行も海外にしよう」と考えるようになりましたね。これが後に大惨事につながるのですが……。

渡邉　石油価格と供給の安定のために日本の場合若干高くてもターム契約にして、スポットを入れないという方針を国策として続けているのです。スポットを入れるとスポットだらけになって値段の変動も激しくなるだけじゃなくて、いざという時に石油が入ってこなくなる可能性がある。

企業と銀行が組んで新興の石油輸入業者を外す裏には、実は経産省の意向があるわけです。相手国の開発コストを被っても、何十年という長期の契約で、安定して確実に日本へ石油を入れる方を選択しているわけですね。もちろん、物事には両面があるので、どちらがいいとは一概に言えないのですけど。

猫組長　日本をあきらめた私ですが、その後、海外の色々な国に石油を売れるようになりました。長期間の期間契約、タームも取れました。すごくて、もう恐ろしいぐらいの規模になったんです。一時期。

渡邉　個人企業の域を超えているじゃないですか。

猫組長　超えています。たまたまなのですが、それが上手く軌道に乗ってしまったのです。ものすごい量のオイルが自分の手を離れて、勝手に私の名前がコミッションリストに載ったまま動いてしまったのです。

渡邉　動けば動くほど手数料がチャリンチャリンと。

猫組長　それがすごい膨らんでいくのです。ずっとコミッションが乗ってくるので、100万バレルぐらいだったのが、年間500万バレルぐらいになって、勝手に動き出して……。月にね2億円とか3億円ぐらい入ってくるわけです。勝手に。多い時で十何億円とか入っているわけです。知らないうちに。勝手に。
あとから契約書のコミッションノートが送られてきて、見てわかりました。ただ、私が紹介しただけの人がいたのですが、そこから枝のルートが増えていって、知らない間にすごいところに関与していたのです。「うわっ何これ？」と思っていたら、銀行から「口座を変えてください」という連絡がきたのです。「キャパが増えてきて、当行では個人口座の規模を超えているので」ということで。

アメリカが250億円を突如凍結した！

渡邉　どこの銀行ですか？

猫組長　イギリスの銀行でした。ともかく「どうしたら良いですかね？」と、石油取引では先輩であるサウジアラビアや、他の中東系の人に相談したら、「いい銀行がある」というわけです。紹介してくれたのは、バハマの銀行。「この銀行はオフショアで、送金も入金も楽だから、みんなここを使っているよ」と教えてもらったのです。
そこへ口座を作って、コミッションを払ってもらって、だいぶ資金も移して。そしたら、口座を持てないけどサウジアラビアの石油をやっている人から、「ちょっと僕のもまとめて受け取ってください。手数料を払うからあとで分配してください」と頼まれたのです。人の紹介だったので無碍にもできず快諾したら、そういうのが何十口も入ってきて……あれよあれよという間にパンパンに膨らんでしまったのです。

渡邉　明らかに自分でハンドリングできていませんね。

猫組長　もうお金の流れのコントロールが効かなくなっていて。しかもその中には、元々イエメンのアロケーションホルダー関係の人がいたのですが、その人物はアラビア半島のアルカイーダの関係者だったのです。何十口の中には、この人のお金も混ざっていたのですが、もうこうなるとテロ資金でしょ。もちろんアメリカに目を付けられていて、で、いきなりテロ資金の疑いで、バンと銀行ごと押さえられてしまったのです。

渡邉　いくらくらい入金されたのですか？

猫組長　たぶんですね、２５０億円ぐらいです。いきなり。

渡邉　「アメリカンドリームやで」どころじゃないですね。しかし、石油を触っている人でオフショアに銀行を持っている人もたくさんいるわけですよね。その人たちはどうやって、リスクを回避しているのですか？

猫組長　「アメリカンドリーム」の人は金融知識がなかったおかげで助かったのです。旅行でオーストラリアに行ってその気候や風土が気に入り、「よっしゃここえぇやん」となり、現地に資産を移したのです。オーストラリア政府としては、土地を買ってくれて、大きな資産を移してくれる大事なゲストですから、それは守りますよね。結局その人は引退して、今は海外で悠々自適の生活をされています。

今思えばアドバイスを受けてアメリカ本国にある銀行に口座を移すのが賢明な策でした。せめてアメリカ系のオフショアに移したり……色んな対策を取ることはできたと思います。ただし当時の私には、そうした助言をしてくれる人はいませんでした。今ならアメリカ本土に事務所を作って、アメリカの銀行を使って、アメリカに税金払っていますね。そうすれば凍結まではいきませんでした。

渡邉　北朝鮮が使っていたバンコ・デルタ・アジアの制裁と同じパターンですね。

猫組長　私が凍結されたのは、バハマのバンク・アルタクアですが、後にテロリストの銀行と言われていたことがわかりました。凍結されたお金はもちろん戻って来ません。凍結というより銀行ごと没収されましたね。

渡邉　バンコ・デルタ・アジアの問題では、北朝鮮側が一連の六カ国協議で、凍結の解除と資産の返還を最優先の要求としていました。それと同じで、猫組長さんのお金も、アメリカの国庫に入っていますね。

猫組長　アメリカというのは、ヤクザと一緒で、テロ資金や武器、戦略物資など自国の脅威になるお金や物の動きをジーっと観察して、目を付けているわけです。「貯まったら行ってやろう」と、相手が太るのを虎視眈々と狙っているわけですよ。ある程度パンパンになったところで一気に行ったということですね。当時の私ではそのリスクを回避する知識がなかったし、何よりコントロールできないくらいにビジネスが大きくなってしまったことが原因でしょう。

9・11でこじ開けたパンドラの箱

渡邉　1989年のアルシュ・サミット経済宣言で、FATF（Financial Action Task Force＝ファトフ）が設立されます。マネーロンダリング対策やテロ資金対策などにおける国際的な協調指導、協力推進などを行う政府間機関ですが、2001年に9・11が起こってこの活動が一気に激しくなりました。03、04年ごろから金融封鎖が始まったのですが、猫組長さんがやられたころは、その情報自体を持っている人も少なくて、最初のころだと思います。

猫組長　当時もFATFという存在は知っていましたが、そこまでするとは思いもしませんでした。そもそも私のビジネス自体には違法性がないのですから注意もしていませんでした。

何より250億円の規模になるまで、イエメンの部族長と会ってから1年ぐらいで、あっという間だったのです。怖いでしょ、石油って。口利きするだけでコミッションノートに載って、その人がどれだけ扱うかわからない。コミッションの歩合というのもあって、バレル当たり0・5ドルの人もいれば、2ドルの人もいるわけで、私は上位でした。

しかも、売価があってないようなもんだから、60ドル、70ドルで売買しているものもあれば、80ドルもあるわけですよ。価格はお互いの都合で相対的に決められるので、ものすごい高額の石油のコミッションノートに載ると、大変なことになるのです。それを年単位でもらったら、それは恐ろしいことになりますよね。「そんなにいらない」と言ってもやめられない。コントロールが効かないのですから、困り果ててダメだこれはということになりました。

渡邉　9・11の約1カ月後の10月26日に、アメリカでは愛国者法が成立します。正式には、「2001年のテロリズムの阻止と回避のために必要な適切な手段を提供することによりアメリカを統合し強化するための法律」で、英語にすると「Uniting and Strengthening America by Providing Appropriate Tools Required to Intercept and Obstruct Terrorism Act of 2001」で、各々の最初の文字をとって「USA PATRIOT Act」で、「愛国者法」ですね。この法律の第3章に「テロリズムを予防するための資金洗浄対策」というのがあるのですが、アメリカはすべての国の銀行口座を勝手に凍結できるというとんでもないことを認めたとんでもない法律でした。2015年に一部に制限などが加えられた形で改正して「米国自由法」になりましたが。

猫組長　それに関連して、アメリカはSWIFT（スイフト）をこじ開け始めたのです。SWIFTには誰がいつ、誰宛にどこの銀行でいくらどういう風に送ったかという膨大な世界中の送金記録が入っているのですが、それをアメリカがこじ開けてしまったのです。

普通は許されないけど、アメリカの力で押し切ったわけです。最初は9・11事件の捜査目的で開けたのですが、あらゆるテロリストや、犯罪者のお金の流れが見えてしまった。その中にあったのが五代目山口組・五菱会（03年に解散）が闇金で稼いだお金でした。おまけで出てきたのですが、「お前のところのヤクザが、スイスとかシンガポールへすげえ金を送って残しているじゃねえか！　どうすんだコノヤロー！」と、アメリカから日本側にかましが来て、捜査に着手したのです。「五菱会事件」は初めに被害者ありきではなく、初めにアメリカありきだったということです。

いきなり国際金融の舞台に引きずり出された地方銀行窓口

渡邉　そのSWIFTなのですが、日本のSWIFTコードは銀行支店までしかないのです。海外でアメリカが採用しているコードと、ヨーロッパ圏が使用しているコードは個人の口座番号まであって、日本の場合はそれが遅れているというので、今、国際社会で非難されているのです。

猫組長　私が使っても日本の銀行システムは遅れていますね。ドバイに250万ドル送金する用事ができた時、ちょうど自分のシンガポールとロンドンの口座が凍結されていて、仕方がなく日本の地方都市にある後輩の会社から送金することにしました。地方銀行の支店のカウンターに当時のレートで3億800万円の現金をドンと積んで、「ドバイに送金したい」と言うと、窓口の女性担当は銀行強盗にあったみたいな顔で周囲を見回す始末。

渡邉　お金積んだのに（笑）。

猫組長　今、銀行に100万円以上の現金を持ち込んで何らかの取引をしようとすると、原資と取引理由を説明する資料を要求されます。そこで、英文の書類を出したのですが、3億円以上の現金ショックも合わさって、行内は大混乱。普段は、近所の農家や商店を相手にほのぼのとした日常業務をこなしている小さな支店が、いきなり、国際金融の舞台へ引きずり出されたわけですから。

人は良いけど、出世には縁がなさそうな支店長を他の行員が取り囲み、井戸端会議です。「あのぅ、何でうちの支店なんでしょうか……?」そのうち、男性行員が意を決したように問いかけてきたのですが、「会社がこの支店に口座を持っているんだから仕方ないでしょう」と答えると、支店長が本店に指示をあおいで、外国為替の担当と話しながら、手続きが始まったのです。

ところが本店の担当者も、私の要求する送金指示が理解できない。通常送金に使われるのはSWIFTの103ですが、この時は103にスラッシュを付けて、103／23にしたかったのです。これは条件つきの支払いを指示したもので、送金を受け取る側が約束を実行するまで、資金を保全できる便利なシステムなのですが、しかしその「／23」を知る行員は、誰一人としていなかったばかりか、「日本にはそのような送金方法が存在しませんよ」とまで言うのです。

国際標準の送金システムであるSWIFTを利用しているのに、その提供するサービスが使えないなどありえません。結局のところ、サービスが存在しても扱う人がやり方を知らないので、サービスがなかったことになっているのです。結局小さな支店からドバイへの送金には通常の「103」でも4時間かかりました。この後、資金をドバイからロンドンへ送金した時は、ドバイの銀行の若い女性行員がわずか20分ほどで手続きを終わらせてくれましたね。

渡邉　SWIFTというのは郵便番号を割り当てるようなものなのですが、海外の場合は、最終の番地まで残るのです。日本は銀行支店までしかわからないので、金融庁が入って誰の口座からお金が動いたか調べが入らないと見えない。ところが海外は、SWIFTを見るとどこどこの普通口座何番の誰々さんまで口座まで見えてしまうのです。犯罪収益の移転を細かく監視できるようになっているのです。

マフィアが銀行を所有すればいい

猫組長　アメリカがSWIFTを開けて以降、どうやってその強力な監視網を回避するのかを考えて実行したのが、カイザーというドイツ人です。ヨーロッパのマフィアなのですが、その方法はすごくシンプルで「自分たちで銀行を持てばいいじゃん」というもの。銀行のオーナーになって、問題がある組織、人間全部にオフショアで法人を作らせて、自分たちの銀行に法人名義の口座を作らせる。そして、法人名義のクレジットカードを自分たちの銀行から発行すれば、表に組織名、個人名は出てこないでしょ。マフィアのメンバーやテロリストは、そうやって発行したVISAカードを使ってATMからテロ資金をキャッシングしているのです。マフィアが所有している銀行は、今、世界中にありますよ。

渡邉　銀行の免許そのものが各国の規制によるものですから。例えば国際業務を行う銀行の自己資本比率についての基準にbis規制というのがありますが、これもG10諸国に対してのみですし、破っても国際業務ができなくなるということくらいです。

猫組長　安い銀行は世界中で売られています……グアムやサイパンなどにあるアメリカ系

の銀行なら、3億円ぐらいで200億円ぐらいの預金が付いていますよ。あとは、SWIFTのシステムさえ持っておけば、銀行として使えるわけですよ。私でも買おうと思えば買えますが、預金が付いていても買ったところで自分のお金ではないですし、維持費がかかるから何の得もないのですよ。マネーロンダリングとか、脱税したい人をたくさん知っていて、お客さんになってくれるのなら買えばいいのです。

渡邉　ただし猫組長さんがやられたように、見つかった時にそういう銀行は、銀行ごと没収されるということです。そこは少し救済策ができていて、今まで銀行ごと没収していたのですが、銀行の破たんと同じことになり健全なお客さんへの影響も出るので、支店だけにしておこうという話にはなっています。

預金保険はそれぞれの国の法律で保障されているものであって、先ほどお話ししたバンコ・デルタ・アジアが北朝鮮の件で潰れた場合は、銀行のあるマカオの預金保険の限度額内で、破綻に対してお金が出ます。日本だと1000万円。ただし、バハマの銀行で預金保険が付いているわけがない。オフショアの国の銀行で、預金保険は付きません。

猫組長　付いていないですよ。そもそも、まともな人がそんな銀行を、使う必要ないのですよ。何かあるから使うわけです。

渡邉　オフショアにも米系とか英系の巨大銀行が入っていますし、まともなファンドが英領ヴァージンなどを使うモデルがあるにはあります。例えば株式売買すれば、売買益が出ます。売買益に課税されて、分配した時に課税されると二重課税になるので、ファンドが成立しなくなったりします。そういう場合はオフショアに主体を持ってきて、そこでの売買益は非課税時にしておいて、分配時に税金を払う。

　このようなスキームを実行する場合に、オフショアに箱を作ることがあって、そういう時は大手銀行を使えば良いわけです。とはいえ確かにわざわざオフショアの得体のしれない銀行を使う必要がある人は、何かある人ですね。

闇のビジネスマン　ロシアン・マフィアの超絶規模

渡邉　結局、猫組長さんは、銀行ごと持っていかれて石油はやめてしまったのですか？

猫組長　終わりです。二度と手を出しませんでした。確かに石油は美味しいですよ。しかし、そのおかげで色んな国際機関から目を付けられてしまい、海外で別な仕事をする時にさまざまな制約を受けるようになりました。

石油、特に売り手というのは、個人が手を出してはいけない戦略物資であることが良くわかりました。石油を巡って人類が何度も戦争を起こしてきていて、今でも石油を求めて人類は戦争を起こし続けているのですから、危険なものなのです。石油というのは国家の戦略物資であると同時に、テロリストの重要な資金源でもあり、マフィアの資金源でもあります。やはりロシアン・マフィアのすごい要因の一つは、ロシアが資源大国であること。ソヴィエト崩壊からロシアになった瞬間から、政権とロシアン・マフィアとの癒着が始まっているわけで、ロシアン・マフィアというのは武力だけではなく政治力も計り知れないくらい強いわけです。政権側に付いたマフィアは、石油でもガスでも、尋常じゃない量を扱えるわけです。とにかく強いわけですよ。

政権に付いたマフィアっていうのは。石油でもガスでも、国家戦略レベルの量を扱えるわけですよ。アメリカの経済紙『フォーチュン』が２０１４年に、世界の犯罪組織収益ランキングを発表して、１位が「ソルンツェフスカヤ・ブラトヴァ」でしたが、私の知る限りでも、このブラトヴァが世界一のマフィア組織です。イタリア・マフィアもロシアン・マフィアには、まったくかなわないでしょう。とにかくあのロシア政府と一体になっている犯罪組織なのですから、扱う物の種類、規模、量、とにかく尋常じゃないのです。ロシアという国家そのものがマフィア的で、その出先機関のようなイメージなのです。だから大きな利権を与えられていて資源、武器を扱い、紛争国への直接介入もする。金融取引でもすごいですね。末端では麻薬も扱いますが、末端なのに規模がすごい。

もちろんロシアン・マフィアはアメリカにも企業として進出しています。アメリカのロシアン・マフィアは完全なビジネスマンで、別に抗争や、アンダーグラウンドな仕事をしに行っているわけではなく、例えば資源の取引をしていたりします。イタリアのマフィアはアメリカに移民してきたイタリア人の人権なりを保護するために暴力を使ってきたり、アンダーグラウンドな仕事をしてきましたが、ロシアン・マフィアは国家の重責を担っているわけです。

渡邉　国家事業を行うインフラ企業と、民間軍事会社を足したような組織ですね。これからの世界の暴力地図ではロシアン・マフィアがトップになるということなのでしょうか？

猫組長　暴力組織のトップという感じでもないのです。やっていることが既存のマフィアとまったく違うので、競合しない部分が多いと思います。例えばアフリカ。アフリカへの開発は中国がかなり投資していますが、ロシアン・マフィアは「中国」という国家を超えた規模で開発、投資をしています。コンゴやガーナなど、ロシアン・マフィアは国家ごと触っているのです。

資本量がケタ違いでドバイのエミレーツNBD銀行に個人資産で、1兆円だとか2兆円を預金するわけです。ロシアン・マフィアが。

渡邉　あのエミレーツですか？　ドバイの王族系の銀行で航空会社も持っている。

猫組長　ドバイで一番大きな銀行です。私たちもここへ証券作ってもらいに行ったりしますが、個人個人にオフィサーという銀行担当員が付くのです。僕と一緒のオフィサーのロシアン・マフィアが何人かいて、現地で顔を合わせたりしたのですがオフィサーに「あの人いくらぐらいの証券作ったの？」と聞くと、オフィサーが「今回はちっちゃいんですよね」というので、「どのくらい」と尋ねると「5000億円」ですよ。私たちは250億円ぐらいの作りに行って、「自分ぐらい大きい証券作りに行っているやつおらんやろうなぁ……」なんて思っていたら、5000億円（笑）。バンクドラフト（送金小切手）も1兆円だったり。

渡邉　猫組長さん自身は、ロシアン・マフィアと石油の取引などで接点があったりしたのですか？

猫組長　天然ガスですね。あるロシアン・マフィアがすごい営業をしていたのが天然ガス

LNG船

（大阪ガスHPより）

LNG船のスポット用船料

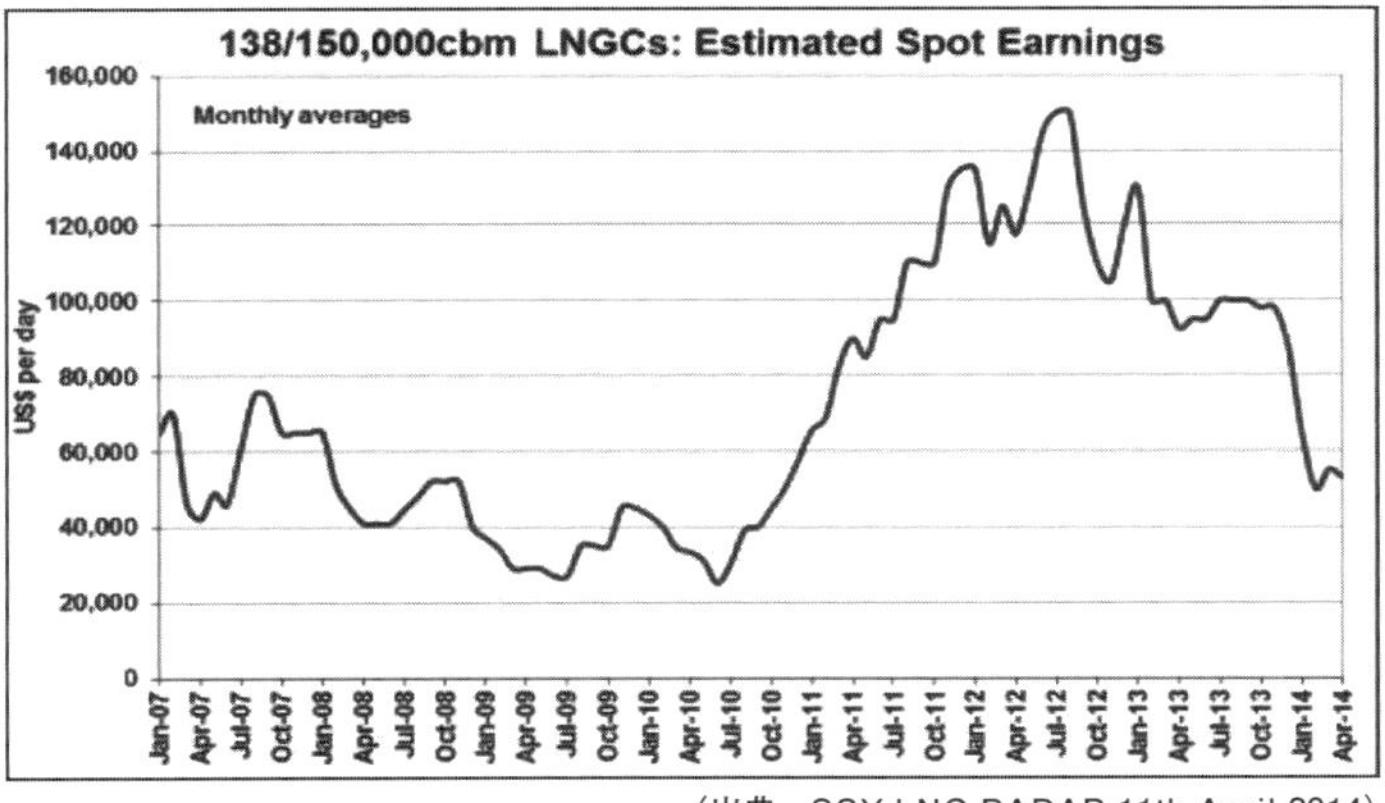

（出典　SSY LNG RADAR 11th April 2014）

でした。やろうとしてみたのですけど、天然ガスは難しい。輸送タンカーが特殊な上に、船が圧倒的に少ないし、船ごと雇わないといけないということもあって、とにかく輸送が難しいのです。

渡邉　天然ガスの運搬船は日本にもたくさんあるのですけど、エンドウ豆みたいな形の特殊船で製造コストも高い。なので、大手の船会社しか所有しておらず、バルクでしか借りられないのです。

猫組長　天然ガスの価格変動はそれほど大きくないはずなのですが、ロシアン・マフィアが扱っているものは価格変動がすごく大きいのです。買いつけた金額と、実際売って決済するまでの価格差が怖いくらいで、リスクが高い。輸送問題とこの価格変動の問題で、私は触りませんでした。とにかく見せつけられたのは、ロシアン・マフィアのすごさです。「この人たちは違う」と、思いました。

「パレルモ条約に基づいてあなたを拘束します」

渡邉　猫組長さんは、海外で何回くらい拘束されています？

猫組長　6回ぐらいですね。パレルモ条約で拘束されたこともあります。スコットランドヤード（ロンドン警視庁）の金融犯罪部局と、アメリカ捜査当局の連合に拘束されました。ヒースロー空港で。この時ははっきり、「パレルモ条約5条、6条に基づいた英国法であなたを拘束します」と言われました。

渡邉　5条が組織的な犯罪集団への参加の犯罪化、6条が犯罪収益の洗浄の犯罪化ですが、何か心当たりはあるのですか？

猫組長　その時はいっぱいありすぎてわからない（笑）。自覚があって「なるほど」というよりは、ひどいなぁ……という気持ちの方が強かったですね。

拘束されたその日に、すぐに裁判所へ連れて行ってくれました。そこで審問があって、「保釈です」と。その後、関与が立証できないということで、処分なしでした。無罪というよりは処分保留という感じですね。

渡邉　監獄に入ったこともあるのですか？

猫組長　入っていますよ、何回も。タイ、韓国のソウルでも勤めてますね。北京でも何度か拘束されていますし、アフガニスタンでも逮捕されていて、カブールでも。

渡邉　アフガニスタン！　すごく物騒な感じがするのですけど……。

猫組長　いや、ただの不法入国で（苦笑）。すぐ出られましたね。
ニュースになったのはタイですね。旅券法違反です。何カ国かから国際手配をされていたのですが、タイからはされていませんでした。逮捕する理由がないはずなのですが、日本の外務省が私のパスポートを失効させて、「あいつは不法入国だから捕まえてくれ」と、タイの捜査当局に持ちかけてパクらせたのです。本当はイギリスも国際手配していたのですが、自国民じゃないのでパスポート失効をさせることができず、手出しできないところへ私がヒースロー空港に降り立ってようやくということですね。

渡邉　旅券の失効は日本政府の常道手段だったのです。というのは、2017年まで日本はパレルモ条約に加盟できなかったので各国の捜査機関間の直接協力ができなかったですし、犯人引き渡し協定もほとんどの国と結べていなかったのです。ということで、外交ルートを使った手段である、旅券失効で現地の捜査機関に逮捕させて日本に強制送還させるのが一番有効な手段となっていたのです。
アメリカが入国に際して短期ビザ免除を許可している国は、ESTAというシステムを利用してアメリカへの入国ができます。電子登録で先に入国登録をすると、アメリカ側が犯罪者データと照らし合わせて、そこに引っかからなければOKを出してくるというものです。

アメリカは短期ビザ免除の国と犯罪情報共有の協定を結んでいます。対象となるのは3年以上の懲役・禁固に当たる犯罪と、殺人予備などテロにつながりかねない犯罪など。重要未解決事件の遺留指紋も照会できます。こうした犯罪者の住所、氏名、生体情報、犯歴がアメリカとの間で自動照合される仕組みになっています。生体情報は例えば指紋なのですが、日本はアメリカとPCSC協定（日・米重大犯罪防止対処協定）を結んでいてこの中に犯罪情報の共有が含まれています。

再びアメリカへ…

猫組長　私に対する国際手配は全部終わりました。新しい旅券も発行できました。

ただし、旅券事務所で旅券再申請した時に、呼ばれて「あなたは特別な旅券しか発行できない。1年間有効で渡航先限定」だと言われました。しょうがないので、色んなツテを頼ったら、その旅券事務所の所長から翌日夜の8時ぐらいに電話がかかってきて、「失礼しました、すぐにお作りします。お届けしますので、どちらへ行ったらいいですか？」と言われたので、新幹線で届けてもらいました。5年パスポートでしたけど。
渡邉　何のツテなんですか（笑）
猫組長　内緒です（笑）。ＥＳＴＡはこの間やったら通りましたけど、これだけでは信用できないのです。現地に行ってみないと、私がアメリカに入国できるかどうかはわからないのです。
渡邉　韓国は入れます？
猫組長　もう入れるようになりました。
渡邉　指紋、通りました？
猫組長　大丈夫です。
渡邉　では、ＥＳＴＡのデータ上に、猫組長さんの指紋が入っていない可能性はありますね。韓国でも台湾でもＥＳＴＡの加盟国のシステムは同じ会社が作ったアメリカのシステムのクローンで、データベース連携しています。ＥＳＴＡ加盟国で自動で指紋が通ればアメリカに入れる可能性もありますね。ハワイあたりで試してみたらどうですか？
猫組長　じゃあ入れるかも知れないですね。ハワイは試しちゃダメだって聞いているのですよねぇ……グアムで試せって。グアムで入って、国内線でニューヨークへって助言してくれた人がいましたね。ニューヨークで金融のプラットフォームを持つことができると、今の仕事はすごくやりやすくなるので、アメリカに入国できるに越したことはないのです。

渡邉　アメリカの場合は入国管理官の心象次第というところですね。アメリカは入国管理官がノーと一回入れると、条件により5年、10年などの間入国許可が下りず再入国禁止にされます。入国管理官の気分が悪いだけでもノーにできるので、入国管理官の権限は、すごく大きい。たとえ日本国内で何度前科がある人でもアメリカに入国できるのは、それが微罪で犯罪データに載っかっておらず、入国拒否されたことがないからです。

もし、入国拒否された場合は、2つの方法があります。日本国内で、非移民ビザを取ってビザが下りれば入国できます。それでもダメな場合は、もうブラックリストに載っているので、アメリカで弁護士を雇って訴訟をして、自分はブラックリストに該当する人間じゃないことを証明するしかない。とにかくめんどうくさいのです。

昔、ブラックリストは氏名と生年月日と国籍くらいしか個人情報を記録していなかったのですが、問題になったのは誕生日が同じで同姓同名の人が引っかかっちゃうこと。この誤爆が結構起こっていて、最近は生体情報や他のデータを入れることによって、誤爆される率が少なくなりました。

第五章

射殺！任侠山口組

共謀罪VS暴力団

東南アジアに眠る旧壱萬円紙幣の正体

渡邉　第2章でも言いましたが、物事には裏と表というのがあります。「お金」に裏も表もないのですが、例えばお金が銀行口座に入ったり、手形や株といった証券のような形になった時に、裏のお金と表のお金という2種類のお金が生まれてくるわけです。

猫組長　そうですね

渡邉　本来、裏のお金は表にしないと使えないのですが、市中には眠ったお金というのもたくさん埋蔵されているわけです。例えば日本銀行が発行した旧壱万円紙幣が東南アジアに大量にあふれているとされる話などは、猫組長さんが得意とするところだと思うのですが、実際どうなのですか？

猫組長　それは本当の話です。第二次大戦の敗戦後に日本は戦後補償を行っていました。東南アジアに対しても行ったのですが、壱万円紙幣で補償したのです。

渡邉　「壱萬円」紙幣の流通は、１９５８年から聖徳太子のC号券の発行が開始されて、１９８４年に福沢諭吉のD号券に切り替わります。

二国間協定による賠償

国名	協定調印日	金額	
		円	米ドル
ビルマ	1955年11月 5 日	720億	2 億
フィリピン	1956年 5 月 9 日	1980億	5 億5000万
インドネシア	1958年 1 月20日	803億880万	2 億2308万
ベトナム	1959年 5 月13日	140億4000万	3900万
	合計	3643億4880万円	10億1208万ドル

円換算は賠償協定締結時

占領された国々に対する準賠償

国名	協定調印日	協定名	金額（円）
ラオス	1958年10月15日	経済及び技術協力協定	10億
カンボジア	1959年3月2日	経済および技術協力協定	15億
ビルマ	1963年3月29日	経済及び技術協力に関する協定	504億
シンガポール	1967年9月21日	「血債」協定	29億4000万3000
マレーシア	1967年9月21日	「血債」協定	29億4000万3000
ミクロネシア	1969年4月18日	太平洋諸島信託統治地域に関する日米協定	18億
		合計	605億8000万6000円

猫組長　日本はその聖徳太子で補償なり、準補償なりをしたのです。これを担保に自国通貨の一部を発行している国が、タイやフィリピンなのです。タイの場合は日本軍に占領されたことはなかったのですが、戦時中に日泰攻守同盟条約を結び、これに基づいて軍費として日本がタイからお金を借り、敗戦後にその借金が残ったわけです。そこで、１９５５年に日タイ特別円協定が結ばれ、計１５０億円を補償しました。国債ではなく、「壱萬円」札という現物で補償したので、これらの国には聖徳太子が山のようにあるのです。

渡邉　香港ドル（ＨＫＤ）という通貨がありますが、香港ドルはドル預託通貨といって民間の銀行が発行する通貨で、ＨＳＢＣ香港上海銀行と、スタンダードチャータード銀行、中国銀行が持っている米国債が担保になって発行されています。フィリピンやタイなど東南アジアの通貨の中に、旧日本政府が戦後補償として出したお金を裏づけにして発行している通貨がいまだにあることは驚きです。

猫組長　金本位制というのは建前上所有している「金」（ゴールド）を担保にしてお金を発行するのですが、いわば円本位制になっている国が実際にあるのです。ただし、タイのお金バーツの全部が円を裏づけにしているわけではなく、総量から言うとそう多くはないですよ。

犯罪組織を追い詰めろ！

渡邉　ＦＢＩでさえ潰せなかったアル・カポネをアメリカ合衆国内国歳入庁が潰した話は有名ですが、近年の金融規制は基本的に１９８９年のフランス・パリ郊外のアルシュ・サミットの経済宣言から始まります。ここでマネーロンダリング対策やテロ資金対策などにおける国際的な協調指導、協力推進などを行うＦＡＴＦ（ファトフ）という政府間機関が設立されます。

歴史を追って、犯罪収益への規制強化の背景を考えてみましょう。

１９８５年に、ソ連でゴルバチョフ氏が書記長に就任して東側はペレストロイカ路線を取り雪解けが起こり、89年12月にゴルバチョフ書記長とジョージ・Ｈ・Ｗ・ブッシュアメリカ大統領が宣言したことで東西冷戦が終結します。そして世界はグローバル化していき、人・物・金の行き来がどんどん自由化されていったわけです。

こうなると、これまで一国で管理、監督が可能であった「人・物・金」の管理、監督ができなくなってきます。この大きな流れの中で、世界的に連携して金融・麻薬犯罪を取り締まろうという流れが出てきたわけです。

現実的に冷戦終結後に国際的な組織犯罪は急増したことで、94年11月にイタリアのナポリで開催された国際組織犯罪世界閣僚会議で、国際組織犯罪防止条約の検討が提唱されました。98年12月、国連総会において、国際組織犯罪防止条約の本体条約などを起草するための政府間特別委員会の設置が決定。そして、2000年12月、イタリアのシチリア島にあるパレルモという都市で、「国際的な組織犯罪の防止に関する国際連合条約」などの署名会議が開催され、124カ国が本体条約に署名します。この国連条約がTOC条約や、パレルモ条約と呼ばれる条約で、国際社会が協力、連携して麻薬取引の資金や収益など犯罪組織のマネーロンダリングや金融全般に対する規制を強化することが決まったわけです。

そして2001年9月11日にアメリカで「9・11事件」が発生します。そこで、これまでの犯罪組織による麻薬取引やマネーロンダリングだけではなく、テロとの戦いも国際社会の取り決めに含めようという動きが生まれました。

まず被害者であるアメリカが9・11の約1カ月後の10月26日に、愛国者法を成立させました。アメリカには1977年に施行された、IEEPA法（INTERNATIONAL EMERGENCY ECONOMIC POWERS ACT＝国際緊急経済権限法）という法律があります。アメリカに対する安全保障・外交政策・経済に対する異例かつ重大な脅威に対し、非常事態宣言後、金融制裁でその脅威に対処するという法律なのですが、9・11で非常事態宣言が出された後、積極的にIEEPA法を適用しています。

一方、国際社会においてはテロとの戦いに対して新たな仕組みを作るのではなく、2つの機関を並列させて取り組むことになりました。

一つはアルシュ・サミットで設立された政府間機関FATF。FATFは9・11以降、テロ資金供与対策に関する国際的な協力についても指導的な役割を果たすようになり、マネロン対策及びテロ資金対策に関する国際基準であるFATF勧告の策定及び見直しを行うようになりました。OECD（経済開発協力機構）諸国がこの勧告を守っているのか監視するとともに、非加盟国に対して支援活動を行うようになりました。

もう一つが、パレルモ条約を所管する国連薬物犯罪事務所（UNODC）。麻薬はテロ組織の資金源として非常に優れた商品ですので、原料の栽培、製品の製造も含めて麻薬そのものを取り締まることでテロ組織の資金の入り口を規制しようというものです。

日本では「共謀罪」、「テロ等準備罪」と報じられる組織的犯罪処罰法改正案が今年6月15日に、参議院本会議で賛成多数で成立しました。成立前日の6月14日に毎日新聞は、国連薬物犯罪事務所（UNODC）のデビッド・ダッジ広報官に取材。広報官が〈条約加盟は、犯罪組織から利益を得ているテロリスト対策などに「非常に有効」と強調した上で、加盟のために「共謀罪」が必要との見方を示した〉と報じました。

この見解通り、改正組織的犯罪処罰法がなければ、パレルモ条約の締結ができなかったために7月11日の施行後、日本は国際連合本部に受諾書を寄託して正式に条約を締結。188番目の締約国として、8月10日にパレルモ条約を発効しました。

アル・カポネが開発した資金洗浄の手口を明かそう

猫組長　渡邉さんの方でマネーロンダリングの規制側の歴史を解説いただいたので、私の方ではマネーロンダリングの歴史から始めたいと思います。

アル・カポネが金融捜査によって逮捕されたことに触れていましたが、そのアル・カポネこそがマネーロンダリングの歴史の始まりなのです。アル・カポネはギャング、泥棒、麻薬、そして、禁酒法によって大きな収益源となった密造酒……色んなもので犯罪収益を上げていました。当然、アメリカ政府も看過できずマフィアやギャング対策で、資金源など犯罪に関わる出入り口のお金に対して規制を強化していったわけです。

こうなると、いくら現金で犯罪収益を上げても、預けられない、使えないということになります。まさに表に出せない裏の金。そこでアル・カポネが考えたのが、カジノを使ったマネーロンダリングです。もちろん、カジノ自体はすでに当時の世の中に存在していたのですが、資金洗浄装置として使い始めたのは、アル・カポネでしょう。

どれほど世の中の金融システムが進化しても、基本的に資金洗浄というのは3つの作業を通じてでしか行えないのです。それはプレースメント、レイヤーリングそして、インテグレーションと呼ばれる作業です。

第一段階の「プレースメント」というのは、預け入れのこと。正常な金融システムの中にお金を乗せる作業です。例えば現金を債権化して海外で別な債権に交換して、それを再度現金化したり。今なら電子マネー化もそうです。債権も電子マネーも正常な金融システムなので、その上に「プレース」(置く)するわけです。次に行うのが「レイヤーリング」で、これは正規の金融システムにプレイスされた黒いお金を、正規な取引に混ぜる作業です。ちなみに「レイヤー」は「層」という意味で、白いお金と、黒いお金の層を作るわけです。最後に「インテグレーション」ですが、実際に層を移動させて、混ぜて、完全に統合してしまうということです。

さて、ここでカジノを考えてみると、犯罪収益をチップに換えることで「プレースメント」が行われます。そして場に賭けることで、正規のチップと黒いお金のチップが層になるので、レイヤーリングができる。最後に清算して申告するものは申告すればインテグレーションが完了となります。カポネはこれを行った最初の人です。

渡邉　フーヴァー大統領が就任直後、財務長官にアル・カポネ摘発を命じます。そこで、脱税と、密造酒両方からの捜査が展開されます。密造酒を取り締まっていたエリオット・ネスのチームは映画『アンタッチャブル』で有名です。ネスたちは、広範囲にわたる電話盗聴を情報源にして、密造酒の製造所を摘発していきました。もう一つの脱税の方は、カポネがあまりにも慎重で捜査は難航を極めます。最終的には、出納係と司法取引をして、帳簿の記載事項の詳細を聞き出すことに成功し、逮捕に向けて急展開します。

こう考えると、猫組長さんのおっしゃる「カジノ」を使ったマネーロンダリングシステムそのものには手も足も出ませんでしたが、その裏側にいる「人」と「情報」によって逮捕にいたったことが良くわかります。

密造酒工場の摘発という犯罪収益の入り口の部分を物理的に潰していき、資金洗浄を行う装置を情報によって潰していくというやり方は、今日のテロも含めた組織犯罪への金融捜査のアプローチに通じるものがあるのではないでしょうか。

マネーロンダリングで有名なところだと、バチカン銀行を舞台にしたものがありますね。映画『ゴッドファーザー　PARTⅢ』はこの一件をモデルにしていますね。

神の銀行とマネーロンダリング

猫組長　1942年に設立されたローマ教皇庁（バチカン市国）の財政管理組織「宗教事業協会」を「バチカン銀行」と呼ぶのですが、長くマフィアとの関わりが指摘されていました。1978年には黒い関係の清算も含めた「改革」を唱えたヨハネ・パウロ1世が就任約1カ月で死亡。82年には主力取引銀行の不正融資が発覚し、「教皇の銀行家」と呼ばれた頭取のロベルト・カルヴィ氏が、ロンドンのブラックフライヤーズ橋の橋げたで首つり死体で発見されます。映画は1990年に公開されたのですが、バチカンにまつわるこの2つのスキャンダルをモデルにして作品化されています。

ヨハネ・パウロ1世の死因は急性心筋梗塞、そして教皇の銀行家も自殺とされており、バチカン銀行とマフィアとのつながりは陰謀史観めいて扱われる面もあるのですが、２０１０年にある事件が起こりました。それは、イタリア司法当局が、バチカン銀行の資産２３００万ユーロ（当時で約26億円）をマネーロンダリングの疑いで押収した一件です。

バチカン市国はイタリアのローマにあり、イタリアへの出入国も自由。しかしながら、ローマ教皇庁によって統治された主権国家という非常に特殊な地域です。自治国扱いですから、イタリアの普通の法律が適用されないのです。言ってみれば治外法権ですが、82年の事件当時、バチカン銀行は各国で投資をやっていて穴を開けてしまったわけです。そこで、マフィアにお金を借りたと。実際にはお金を借りるということではなく、お金を預けてもらったわけです。それを原資に、バチカンは色んな事業を始めて、収益をあげました。しかし、この時点でマフィアの言いなりとなり、犯罪収益を預かる、送金する、洗浄もするという便利な銀行になったわけです。

ずっとわかってはいたけれども、宗教的な問題でアンタッチャブルにしていたところを、9・11のショックがあって宗教と金融犯罪の分断が実行されたということです。

渡邉　金融のショックもアンタッチャブルの開示を助けました。２００６年ごろからアメリカの住宅市場が変調して、個人向け住宅融資、サブプライムローンの遅延や債務不履行が増えますよね。そして、07年にはサブプライムローン関連の金融商品のリスクが疑われ始めて、フランスの証券会社、ＢＮＰパリバ傘下のファンドが、投資家からの解約を凍結すると発表。サブプライム関連の金融商品への不安に怯えていた市場がパニックを起こしＢＮＰパリバショックが起きました。

麻薬と武器取引の間にたった銀行・ＢＣＣＩ

猫組長　ＢＮＰパリバショックの約一年後が、リーマン・ショック。これで、世界中で一気に不良債権が膨れ上がりました。当事国のアメリカとしては、自分のところの不良債権がどの銀行にどのくらいあるのか調べたわけです。そうしていくうちに、オフショアからバチカン銀行のモノが出てきてしまった。一連の世界的な経済ショックが「触れえざる者」であるバチカンの銀行を開けたスタートでしょうね。

80年代といえば、もう一つ忘れてはいけない銀行がＢＣＣＩでしょう。

銀行というのは、収益を上げないといけません。一方で、麻薬、武器というのは、基本的に非合法ゆえに世界中どこで売っても大きな収益を上げるアイテムですから、銀行だって扱いたいわけです。この2つの収益を。

渡邉　決済額が大きいですものね。

猫組長　しかもこうしたアイテムは「エイ」と売ったら「ヤーッ」で現金が入ってくる。収益性が極めて高い黒いアイテムを扱う組織が「ココの銀行が使える」とわかれば、その銀行には多くの犯罪収益が集まるのです。その代表が１９９１年に破たんしたＢＣＣＩ銀行。アラブ首長国連邦の初代大統領・ザイード氏から巨額の出資を得たばかりか、バンク・オブ・アメリカを大株主にして、１９７２年にルクセンブルクで設立されました。

巨額のオイルマネーを背景に当初は当時の発展途上国に開発投資を行っていたのですが、80年代中盤からの石油価格急落などを受けて経営状況は悪化。そこで犯罪収益のマネーロンダリングから、武器密輸、麻薬取引への関与はもとより、ＣＩＡをはじめとした諜報機関との関わりなど世界の裏側の経済活動との関与を深めていました。そのきっかけとされるのが１９７９年からのソ連のアフガニスタン侵攻とされています。

米ソ冷戦下で行われたソ連のアフガニスタン内紛への武力介入ですが、アメリカとしては参戦して超大国同士の戦いの構図にはしたくはなかった。とはいえ、中東でのソ連の影響力を強めたくない。ということで、ＣＩＡを通じてソ連の敵対勢力であるムジャヒディンを支援します。この時、ムジャヒディン側は麻薬を栽培して戦費にあてるのですが、麻薬取引にアメリカが直接関与するわけにはいかないので、マフィアを仲介させます。

ＣＩＡとムジャヒディンの武器取引、マフィアとムジャヒディンの麻薬取引、その3者の真ん中にいたのがＢＣＣＩです。ＢＣＣＩは持ち株会社をルクセンブルクと、ケイマン諸島に登記し、イギリスのシティ・オブ・ロンドンに本店を構えていました。こうして、せっせと黒い金の決算と洗浄を行っていたのです。ＢＣＣＩはイギリスやアメリカの政治家にせっせと献金をしていたことで、発覚を逃れていたとされています。アメリカが起こした、イラン・コントラ・ゲート事件にも深く関与したとも言われています。

渡邉　イラン・コントラ・ゲート事件は、やはり80年代にアメリカの起こしたスキャンダルですね。アメリカは長くイランに武器を販売していましたが、79年のホメイニ氏によるイラン革命で関係が逆転、武器輸出を禁止します。同年イランアメリカ大使館人質事件が起こり、この解決が長引いたことが大きく影響して米大統領選挙でカーター政権が倒れ、81年にレーガン政権が誕生。レーガン氏の大統領就任当日に人質が解放されます。

一方80年には、イラン・イラク戦争が開戦します。劣勢に立たされたイラクは、それまで使っていた装備がアメリカ製であったこともあり、どうしてもアメリカの武器が欲しかった。当初はイランとイラクの両国に疲弊して欲しいイスラエルがアメリカ製の武器をイランに横流ししていたのですが、CIAなどの働きかけでアメリカは直接イランに武器を密輸し始めます。

そして中米のニカラグアでは79年に革命が起こり、共産主義政権となります。アメリカはイランで得た利益を、今度はニカラグアの対共産主義ゲリラ「コントラ」の支援に流用していたのです。アメリカという国家の裏金が世界の戦争に使われていたことが露見し、大きなスキャンダルになりましたが、この資金の流れの中間にBCCI銀行が関与していたとされています。

猫組長　リベリアの独裁者であるサミュエル・ドウ、イラクのサダム・フセイン、パナマのマヌエル・ノリエガなどの裏金の洗浄も行っていたとされています。長く不正に目をつぶっていましたが、ついにアメリカの司法側などの圧力によって91年にイングランド銀行から業務停止を命じられ、経営破たんしました。その後の調査で使途不明金は100億ドル（現在のレートで約1兆円）にも上ることが明らかになりましたが、あまりのスキャンダルの大きさに報告書の全文はいまだ機密扱いになっています。

リーマン・ショックでアンダーグラウンドマネーがめくれた

渡邉　世界のマネーロンダリンクのホットポイントとでも言うべきところが、ＢＣＣＩ銀行が設立されたルクセンブルクと、スイス銀行のあるスイスですよね。

ＩＭＦによれば２０１５年のルクセンブルクの１人当たりＧＤＰは世界1位。鳥取県とほぼ同じ人口（約58万人）で、面積は神奈川県より少し大きめ（２５８６㎢）の国なのに、1人当たりＧＤＰは10万ドルを超えています。その理由は、「銀行国家」とでも呼ぶべきものだからです。富裕層が脱税と資金逃避のために作ったような国で、自国民の単純労働者はほとんどおらずグローバル企業の本社、持ち株会社や、銀行しかないようなところなのです。日本のヤクザもＢＣＣＩ銀行を使っていたのですか？

猫組長　時代で言えば私の前の世代ですが、使っていたという話は聞いたことがないですね。日本の80年代は高度経済成長期で、暴対法（「暴力団員による不当な行為の防止等に関する法律」の略）施行前ですから、海外に黒いお金を回さなくても十分にやっていけたという背景があると思います。

渡邉　ＢＣＩはイギリスのシティ・オブ・ロンドンに本店を置いて、持ち株会社をケイマン諸島で登記しています。拠点をイギリス系のオフショアに置いて、アメリカが圧力をかける形でＢＣＩが破たんしていく構図ですが、サブプライム以降のオフショアにある銀行への金融制裁の原型ではないでしょうか。

猫組長　同じ感想ですね。そうやって金融制裁のノウハウを蓄えていったのでしょう。

渡邉　オフショアには、イギリス系と、アメリカ系があります。２００７年からのサブプライム危機以降、08年くらいから政治における銀行の立場が大きく変わり始めます。

70年代後半から米英両国は失業率が低いのに物価が上昇する深刻なスタグフレーションに悩まされます。この不況に対して80年代にレーガノミクスが効果的に機能したことで、金融主導型社会の到来と新自由主義が標ぼうされる時代に入り、「銀行への規制はすべてなくして自由にした方が良い」という方向に進みます。特にアメリカでは投資銀行が台頭します。この投資銀行は「銀行」という名前が付いていますが銀行免許は持っていません。投資銀行はアメリカ政府が作った法律用語「investment bank」で、証券取引免許を持つ金融機関なのです。証券会社の業務形態の一つなのですが、投資銀行はファンドのようなもので個人とは取引をしません。ところが、「bank」でありながら銀行免許を持っていないので、アメリカで中央銀行に当たるＦＲＢ（連邦準備制度理事会）から、直接お金を借りることができないわけです。裏を返せば、お金を借りることがないので規制の網にもかかってなかったのです。こうした形で金融経済が占める領域は実体経済の中でますます膨らんでいきました。

ところが08年、リーマン・ショックが起こると、投資銀行は自己資本が不足して潰れてしまうことがわかり、ここで金融当局に泣きつき始めたわけです。今まで、「政府から金をもらっていないのだから自由にやらせろ」と言っていたのが、政府からお金をもらうことで規制をかけられるようになりました。これが〝銀行〟の金融規制強化の始まりです。この時期くらいから投資銀行が扱ってきたアンダーグラウンドマネーなども、必然的に当局の監督下に入ってきます。

猫組長　ショックというと10年にはヨーロッパでソブリン危機が起きますね。

渡邉　09年10月にギリシャで政権交代が起こるのですが、この時に、国家財政の粉飾決算が暴露されたことから始まる経済危機ですね。ここから、ヨーロッパ中に経済危機が連鎖し、ギリシア、スペイン、オーストリア、ハンガリー、アイルランドなどの経済問題が浮上します。この大きな流れの中で、世界中の金融マーケットのバブルが連鎖するようには

アメリカの失業率

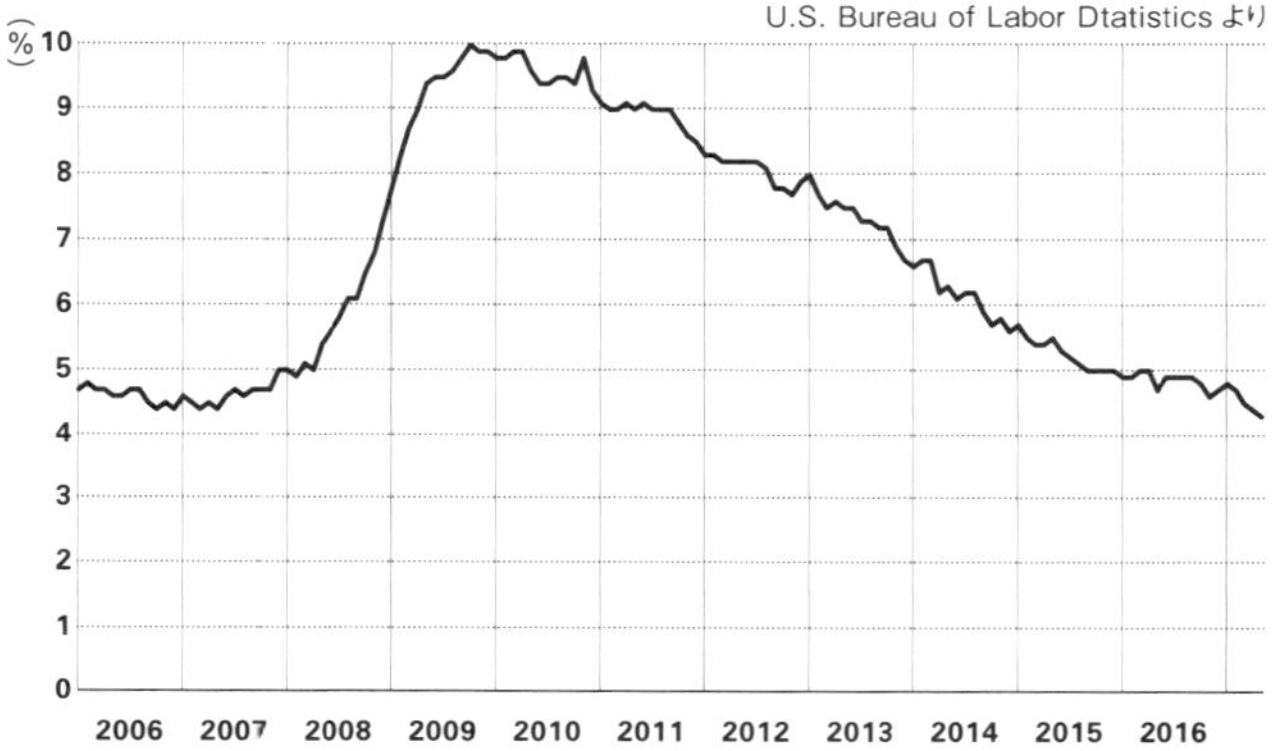

じけていったと。

金融経済のバブル連鎖崩壊に引きずられるように、実体経済が悪化した。実体経済が悪化すると政府は財政出動をしなければならないのですが、一方で税収が減っているわけです。で、どこから取るかという話になります。

例えばアメリカではサブプライム関連で、５から８人に１人が職や家を失うなど何らかの大きな影響を受けたとされています。その状況で、政治家にとって投資銀行を叩くことが票になっていったわけです。「投資銀行からお金が入ってこない」、「投資銀行を叩くと票になる」、「投資銀行が監督下に落ちた」、この３つの大きなキーワードによって、今まで手を付けられなかった、猫組長が言う「アンタッチャブルな世界」

にどんどん金融当局が手を突っ込み始めました。

それが先ほどの10年のバチカン銀行であり、同じ年に結ばれたスイスの国民会議とアメリカ政府の協定です。スイスには原則として顧客情報を銀行が政府機関に提供することを禁じる銀行秘密保護法があったのですが、10年の6月アメリカ捜査当局に情報提供をするようにしたのです。

こうして、次々と世界中の銀行機密法が開けられた中で、唯一残っていたのがパナマ文書に出てくるイギリスやアメリカのオフショアでした。ところで、日本国内でのマネーロンダリングはあるのですか？　あるとすれば、どのように行っていたのですか？

銀行の小部屋で行われる日本版「租税回避」取引

猫組長　サブプライム後の話から始めます。アメリカが世界中の金融監視を強化していく過程で、イギリスのＨＳＢＣグループがマネーロンダリングをしていることが明らかになりました。２０１２年にアメリカの上院国土安全保障・政府問題委員会が、ＨＳＢＣグループがマネーロンダリングに関与したこと、また、防止策にも大きな不備があったということで、改善措置を勧告する報告書を公表したのです。ＨＳＢＣは事実であることを認めました。

その報告書に日本の地方銀行である北陸銀行のことも指摘されていました。中古車業者を名乗るロシア人が、05年から4年間、北陸銀行を経由して行った決済で2億９０００万ドル（約２３０億円）ものトラベラーズチェックを使ったのです。北陸銀行はマネーロンダリングへの関与を否定していますが、1日で50万ドル以上も決済され、サインが不明瞭なトラベラーズチェックの額面も５００ドルや１０００ドルと高額でした。

渡邉　ＨＳＢＣの調査に対して北陸銀行は守秘義務を理由に顧客情報を明かさなかったことで批判されましたね。

猫組長　北陸銀行の一件は海外からめくれた例ですが、私の知る限り日本の暴力団が大きな金額を洗浄するとすれば、やはりオフショアを通す方法が主流でした。メジャーな租税回避方法としては中小企業の赤字決算を使うやり方でしょうね。

オーソドックスには不動産転売する時、中間に赤字の会社を持ってくるわけです。赤字の範囲までは税金が必要ないので、何度か使って最後は飛ばしてしまえばいい。例えば1億円の物件があった時、その物件を赤字企業が買って1億5千万円で転売してしまえば良いのです。すると中間の赤字企業は5千万円儲かりますが、それ以上の赤字を抱えていれば無税の5千万円が生まれると。これをキャッシュでやるわけです。

昔は不動産取引の時に4～5社入って同日決済をしていました。1日の中で転売、転売……銀行の部屋を2部屋借りて、買い手と売り手を待たせて、机の上にキャッシュ並べて1発目の転売、2発目の転売と札束を積みながらやっていた時代がありました。この手口が問題になって厳しくなったのですが、今でも同日決済はやっていますね。原資の追及は厳しくなりましたが、買い手も売り手も正規の会社なのですから取引自体は正規となり、規制できないのです。

渡邉　マンションデベロッパーで中間登記省略案件なんていうのは、その手が多いですよね。中間の仲介業者は転売しても登記に名前が残らないので、売り主から安く買い叩いて買い主に高く売っても、いくらで中間の業者が買ったのかがわからないのです。

猫組長　この方法はベタですけど、今でも多いです。

渡邉　2012年に、パチンコホールを運営する全国で40を超える企業グループが、東京国税局などの税務調査を受けて、「租税回避」に当たると指摘されたことが報じられました。申告漏れの総額は実に、1000億円以上で追徴税額は数10億円とみられていました。

これは、東京にあるコンサルタント会社が指南した複雑なスキームなのですが、01年度の法人税改正で、企業組織改編について非課税対象が増えました。グループは分社、新設、合併などを繰り返し、赤字会社を買い取る形で税金を圧縮していたのです。

犯罪収益の入金法を指示する海外銀行

猫組長　銀行もたとえそれが犯罪収益であったとしても預金残高は増やしたい。シティバンクやHSBCは、日本では最後まで黒いお金を扱っていましたよね。

私が現役の時、シティバンクにお金を預けに行くと、「1回100万円以内で、機械で入れてください」と指示されるのです。それならば1000万円でも2000万円でも、便宜上は報告義務がない。逆に言えばシティバンクはわざわざ便宜上の報告義務にかからない方法を指示して、素知らぬ顔で黒いお金を引き受けていたということですよね。

そんなことをずっとやっていたので、シティバンクは結局日本での個人向け業務から撤退していきましたけどね。もっと遡れば、プライベートバンクが出てくるわけですね。個人のバンカーというのは国内にもいっぱいいます。預金を集めればコミッション（手数料）

が出るので、個人バンカーの人たちや、ブローカーは常に優良顧客を探しています。しかし、そうなると顧客がヤクザだろうが、クスリ屋だろうが、大金を預けてくれればいいわけです。

投資を行う時に本当にその対象に十分な価値があるのかを詳細に調査する作業を、デューデリジェンスといいます。プライベートバンクも大口の預金に対して、財務、税務、法務などのデューデリジェンスチェックという審査を行うのですが、それでハネたら成績にならないので、審査に目をつぶるところがあります。少し問題があってもここをこうしてくれだとか、こういう書類を出してくれとか、阿吽の呼吸で忖度するのです。こうやってやった結果、アメリカがSWIFTを開けた時に、大量の犯罪収益が海外にフライトしているのが発見され、先述したように「五菱会事件」がめくれてしまったのです。

渡邉　当時、「ヤミ金の帝王」と呼ばれた人物名義の2口座がスイス・チューリヒにある国際金融機関「クレディ・スイス」本店に開設されていて、米国や香港、シンガポール、日本の少なくとも4ルートから送金されていたことが明らかになりました。「ヤミ金の帝王」はスイスへ渡航して口座開設をしたのではなく、クレディ・スイス香港行員（組織犯罪処罰法違反行為）と一緒に香港に訪れ、同行香港支店で本店口座開設を行ったことが報じられました。

猫組長　シティバンクはシティバンクで各支店をあげて、ヤクザなどのややこしいお金を預かっていたわけです。

渡邉　犯罪収益移転防止法（「犯罪による収益の移転防止に関する法律」の略）の一部施行が07年で、13年に改正して、昨年さらに改正法が施行してようやく銀行の新規口座開設に当たって、本人証明が厳格化しました。

猫組長　以前は外資系銀行のプライベートバンクというのは、マネーロンダリングの入り口でしたね。

渡邉　いわゆる「プライベートバンク」は2種類あって、プライベートバンキングとプライベートバンクの区別が付いていない方も多くいると思うので、整理します。

プライベートバンキングというのは銀行で個人の担当者が付いて、資産運用とかを相談する仕組みで、商業銀行がやります。プライベートバンクというのは、単に手数料を取る貸金庫。スイスなどにあって、映画などで特殊なカギで開けるあれです。逆に毎年お金を取られますね。猫組長さんが言っているのは、商業銀行のプライベートバンキングの方です。プライベートバンキングは資産運用の委託ですので、マネーロンダリング以外だけではなく富裕層も使っています。その中にアンダーグラウンドマネーが入ってくるというだけの話で、それは普通の銀行の信託と一緒なのです。金額が大きくなると、プライベートバンキング部門に回されるだけの話なのです。

特に外資の場合は、一般の顧客より有利な情報の提供や、有利な条件の手数料商品の推薦などサービス格差がある。これまで金利がずっと一律だったことで、多くの日本人は銀行のサービスは全部一緒と思っています。ところが、今は自由化されているので特に欧米系の銀行においては、富裕層と貧困層でサービスの内容が全然違うわけです。個人業務からは撤退しましたが、シティバンクのように大口顧客の銀行は、非常に融通が利きやすいと思います。とはいえ、取り締まる側は資金洗浄、租税回避の出入り口を全部閉じていって、過去の脱税も含めて取れないものを徹底的に取っていこうとしていると。日本の場合、国税については過去10年遡れますから。

テロ三法の穴

渡邉　1989年にFATF（マネーロンダリングに関する金融活動作業部会）が設立して最初

に麻薬資金、そして、2001年からテロ資金、08年のリーマン・ショックをきっかけに租税回避への国際連携の取り締まりが強化され、現在の流れになっています。国際的な金融犯罪対策は、麻薬、テロ資金から脱税へと拡大していったのです。

そして日本では2017年に組織的犯罪処罰法の改正によって、共謀罪の趣旨を盛り込んだテロ等準備罪が新設されました。ここまで設立経緯などを解説したFATFにしても国連薬物犯罪事務所にしても、組織犯罪を取り締まるための機関です。対象がテロ組織であろうが、マフィアであろうが、暴力団であろうが、ヤクザであろうが、暴走族であろうが、準暴力団であろうが、過激派であろうが、カルト教団であろうが、組織で行う犯罪全般を取り締まるのがFATFであり、国連薬物犯罪事務所です。日本の場合、最初にこのターゲットとされているのがヤクザ組織です。

とはいえ1989年に設立したFATFのシナリオは、マフィアを取り締まるというところから始まりました。2012年にアメリカはIEEPA法（国際緊急経済権限法）を日本の暴力団に適用しました。同時に「YAKUZA」「a.k.a.gokudo」（「a.k.a.」＝「あるいは」の意）とともに、「YAMAGUCHI-GUMI」「SUMIYOSHI-KAI」「INAGAWA-KAI」などの指定暴力団や、そのトップ、幹部をアメリカの経済制裁リスト「SDNリスト」に載せたことを公表。各々のプログラムは「TOC」なので、パレルモ条約の対象であることも明示されています。アメリカは、国連条約と連動する形で日本の暴力団を経済制裁対象としたということです

日本の当局もこの制裁をかけないと、例えば指定された団体、人物が日本の銀行を使用した場合、その銀行もアメリカのテロ制裁の対象になってしまうことになります。すでに日本には1992年に施行した暴対法があったものの不十分ということで、2011年に暴排条例を全国で完備しました。このことで、一般市民が暴力団と取引をしたり、密接な交際をするだけでも処罰の対象になるという仕組みを作ったのです。本来アメリカと歩調を合わせて、組織犯罪への規制強化を行おうとしていたのですが、09年からの約3年間は民主党政権に移行し、12年から自民党政権へと代わる激変期ということで、その後の流れが停滞してしまったのです。

2013年からFATFの総合調査が再び入り始めるのですが、「2014年6月の段階でテロ対策のさまざまな要件を整備しないと、日本全体がブラックリストの対象になる」というOECD、FATF、アメリカからの脅迫に近い強い要望がありました。そこで2014年の11月の第47回衆議院議員総選挙の前に駆け込みに近い形でいわゆる「テロ対策

三法案」を可決させたのです。正式には、
①犯罪による収益の移転防止に関する法律の一部を改正する法律
②国際連合安全保障理事会決議第千二百六十七号等を踏まえ我が国が実施する国際テロリストの財産の凍結などに関する特別処置法
③公衆等脅迫目的の犯罪行為のための資金の提供等の処罰に関する法律の一部を改正する法律
です。国際的な要望に応えるべく何とか法整備をしたのですが、大きな法の穴がありました。流れとしては国際機関や外国政府が「国際テロ組織である」と日本政府に通告された組織に対して、国家公安委員長が共有されたデータと捜査情報を確認した上で、テロ組織として発表するのが手順です。ところが、例えばそうした諸外国から身柄の引き渡しを要求されても、アメリカと韓国などわずかな国しか対象者の身柄を引き渡すことができないのです。日本はパレルモ条約に加盟していないことが理由で、犯人引き渡しどころか捜査情報を共有することもできないのです。

つまり、パレルモ条約に加盟しないことで、唯一できることは外務省による、外交ルートを通じた確認作業だけだったのです。ということで、せっかく成立させた「テロ三法」は、

SDNリスト

Name	Address	Type	Program(s)	List
YAKUZA		Entity	TCO	SDN
YAMAGUCHI-GUMI	4-3-1 Shinohara-honmachi, Nada-Ku	Entity	TCO	SDN
SHINODA, Kenichi		Individual	TCO	SDN
TAKAYAMA, Kiyoshi		Individual	TCO	SDN
SUMIYOSHI-KAI	6-4-21 Akasaka, Minato-ku	Entity	TCO	SDN
NISHIGUCHI, Shigeo	c/o 6-4-21 Akasaka, Minato-ku	Individual	TCO	SDN
FUKUDA, Hareaki	c/o 6-4-21 Akasaka, Minato-ku	Individual	TCO	SDN
INAGAWA-KAI	7-8-4 Roppongi, Minato-ku	Entity	TCO	SDN
KIYOTA, Jiro		Individual	TCO	SDN
UCHIBORI, Kazuo		Individual	TCO	SDN
GOTO, Tadamasa		Individual	TCO	SDN
IRIE, Tadashi		Individual	TCO	SDN
HASHIMOTO, Hirofumi		Individual	TCO	SDN
MASAKI, Toshio		Individual	TCO	SDN
ISHIDA, Shoroku		Individual	TCO	SDN
KUDO-KAI	1-1-12 Kantake Kokurakita-ku	Entity	TCO	SDN
NOMURA, Satoru	4-chome, 19-15 Kumagai, Kokurakita-ku	Individual	TCO	SDN
TANOUE, Fumio		Individual	TCO	SDN
KODO-KAI	1-117 Shukuatocho, Nakamura Ward	Entity	TCO	SDN
TAKEUCHI, Teruaki	Midori-ku	Individual	TCO	SDN
KOBE YAMAGUCHI-GUMI	88-1 Shizuki	Entity	TCO	SDN
YAMAKEN-GUMI	26-4 Hanakuma-cho Chuo-ku	Entity	TCO	SDN
INOUE, Kunio	26-14 Hanakuma-cho Chuo-ku	Individual	TCO	SDN
TERAOKA, Osamu		Individual	TCO	SDN
IKEDA, Takashi		Individual	TCO	SDN

機能しない状態にあり、しかも暴力団の一部だけが唯一「国際テロ組織」として経済制裁などの対象になっているぐらいで、過激派やカルト教団、外国人不良グループなど、他の犯罪組織の情報を国際社会と共有することもできなかったのです。

いわばパズルのピースが空いている状態でしたが、今回の組織的犯罪処罰法の改正に続く、パレルモ条約締結により、ようやくテロ三法が能動的に動くようになったということなのです。

共謀罪反対派の論理は暴力団のごとき

猫組長　共謀罪成立に当たっては、「共謀罪がなくてもパレルモ条約に加盟できる」というのが反対派の理論武装でした。もちろん一部リベラルメディアもここを中心に報じることで、共謀罪成立が言論、思想の自由を奪う戦前化政策であるかのような印象操作に腐心していました。しかし、この理屈には大いなる欺瞞があると考えています。

暴力団は誰かを同調させようとする時に、事実を使います。ないことを言って後で嘘が露見すると大変なことになるので、あることをうまく組み合わせるのです。この理論武装も同様で、確かに共謀罪がなくてもパレルモ条約に入る方法はあるのです。それは犯罪集団への参加罪の成立で、パレルモ条約加盟の条件は共謀罪か参加罪のどちらかが必要なわけです。ここをオープンにしないところが反対派の暴力団的なところです。

はたして「犯罪集団」とは何をもって定義をするのでしょうか？　例えば前述したマネーロンダリングに関与したＨＳＢＣや、知らぬ間に巻き込まれたという北陸銀行は、見方によっては犯罪集団に参加したことにもなる。犯罪集団の解釈は無限に拡大できる可能性を含んでいるのです。そこに参加したことで罪になるというのであれば、そちらの方がはるかに危険なことではないでしょうか。それよりは、既存の組織的犯罪処罰法の改正を行った方がはるかに安全だと私は思います。

また、渡邉さんがおっしゃったように、パレルモ条約参加以前では暴力団しか対象とすることができなかったわけです。これもまた不公平な話で、かつてのオウム真理教のように暴力団以上に危険な犯罪組織があるわけです。こうした組織は平等に監視されるべきでしょう。

渡邉　お話を聞いて中国を思い浮かべました。中国では天安門事件を受けて集会法が作られましたが、家族以外の３人以上で集会をする場合、政府に届け出がないとそれだけで犯罪になるのです。

猫組長　「犯罪集団」という定義はそれくらい曖昧なので、ものすごい怖いことだと私は思います。例えば半グレが社会問題になって「準暴力団」という法規定ができています。２０１５年に警察庁組織犯罪対策部などが発表した「平成26年の暴力団情勢」にはこうあります〈警察では8集団を準暴力団と位置付け、実態解明の徹底及び違法行為の取り締まりの強化等に努めている〉。つまり、わけわからないからとりあえず指定して、それから実態を調べるというわけです。実に恐ろしいでしょう。たまたま暴走族の集会を見学したのを写真にとられて知らない間に参加罪になり、ＳＤＮリスト入りする可能性があるのですから。

渡邉　確かに参加罪を作れば、別に共謀罪がなくてもパレルモ条約は加盟できますね。

猫組長　そうなると、どっちがいいんだ？　という話になる。２つの条件を提示して、各々のメリットデメリットをアナウンスしないのは卑怯です。先進国のＧ20で日本だけでしたから加盟していないの。

渡邉　世界１８７カ国が加盟していましたから。加盟していないのは南スーダンと、ソマリアと、コンゴ、イラン……２０１７年４月19日に民進党の小西ひろゆき参議院議員が自身のツイッターで〈共謀罪が成立すると本気で国外亡命を考えなければならなくなると覚悟している〉とその心情を吐露されました。あまりの覚悟に感動した私がツイッターで有権者の皆さんに亡命先をアンケートしたところ、僅差で「南スーダン」が1位になりましたね。

猫組長　外務省による危険レベルは全土で4。自衛隊も撤退した国ですが、それほどの覚悟がおありなのでしょう。

パレルモ条約に加盟したもののまだ本格的に機能していないのが日本です。だから、今世界の犯罪組織の大きいお金を動かしているところは「日本の銀行プラットフォームだったら、犯罪収益が移転もできるし、色々できるよね」ということで、東京でバンバン暗躍しているわけです。イタリア系マフィアもロシアン・マフィアも。そういう国際的に悪い人たちが銀座で土地を買い漁ったりなど一般の人はほとんど知らないことでしょう。日本は金融システムについては遅れている部分があるけど、一応世界標準でしっかりしている。それなのに先進国で一番法整備ができていないと。

一方で現実を知っている私には、共謀罪に反対する人は、巨大犯罪組織を応援して何かメリットがある支援者なのではないかとさえ思えるのです。

コンビニATM18億円不正引き出し事件の真相

渡邉　猫組長さんから見た、金融システムで遅れている部分はどこなのですか？

猫組長　遅れている部分は取引のオプションが少ないところです。先ほどの後輩の会社を使って地方銀行から送った話がそれなのですが、日本で行う海外送金ではSWIFTの103しか使えない。海外の銀行では、103に「／」（スラッシュ）を付けて、例えば「103／23」などで送ることができるのです。これは相手が条件をクリアしたら解除になって、相手が自由にできるという送金方法で、相手が約束を守るまで口座にお金が入っても下ろせないというとても便利なオプションなのです。ところが、日本の銀行からの送金ではそのスラッシュが使えなかったりします。そういうところが遅れているということですね。

こうした銀行の送金システムは確かに遅れているし不便なのですが、日本の商習慣と文化が影響していることは理解しています。約束を守るという前提が日本人同士にはあるのですが、外国でいう「契約」というのは逆で、「相手は騙すもの」ということを前提に契約書を作るので契約条項も多いわけです。送金システムが国際標準にならない背景はそうした商習慣にもあるのです。

渡邉　ＳＷＩＦＴの「／23」のオプションですが、メルカリやヤフーオークションの決済システムのようなものですね。売買成立した時に買った側が決算をすると、売った側が商品を発送します。しかし、買った側が荷物を受け取って中身を確認して、「商品が到着しました」などの手続きをしないと、お金が売った側に入金されないというシステム。

日本の銀行システムは日本の会社がソフトを作っていて、独自の進化を遂げました。ということは当然、日本の商習慣の影響を受けているわけです。キャッシュカードやクレジットカードも同じで、磁気コードの位置が海外と逆。だから、海外に行ってＡＴＭに入れる時に、逆側にして入れないといけない。

もちろん、ガラパゴスでレガシーであることが必ずしも悪いわけではなく、障壁となって機能している面はあります。２０１６年５月15日に、全国のコンビニに設置されたセブン銀行などのＡＴＭ約１７００台から、南アフリカのスタンダード銀行が発行したクレジットカード情報を入力した偽造カードが使われ、合計約18億６０００万円が引き出された事件が起こりました。

〈出し子を中心に少なくとも106人が窃盗容疑などで逮捕されていたことが判明した。この中には、山口組（本部・神戸市）▽神戸山口組（兵庫県淡路市）▽稲川会（東京都港区）▽道仁会（福岡県久留米市）▽合田一家（山口県下関市）の五つの指定暴力団の傘下の組幹部や組員が10人以上含まれていた。新潟県では山口組系の組幹部だった男（36）がまとめ役になったグループに、山口組と対立関係にある神戸山口組の傘下組幹部（39）が加わったケースがあった〉（毎日新聞　2016年11月12日朝刊）

と報じられています。セブン銀行やイオン銀行など最近できた銀行は、メイドインジャパンのシステムではなくて海外のシステムをそのまま使っています。システムはすごく軽くて良いようなのですが、このように悪用されてしまったのです。日本の銀行のATMは日本のシステムですから、海外の国際クレジットカードにうまく対応できていないのでやられなかったということのようです。

猫組長　システム上の問題だけではなく、こうした犯罪で日本が狙われる大きな理由の一つに現金の流通量があります。世界と比べても日本は現金の流通量が多い。ATMで一回に50万円も出せる国はそんなに多くない印象ですし、お店で買い物をするにしても現金をこれだけ流通させている国も珍しい。皆さんのお財布を見てもわかると思いますが、普通に1万円札を持っていて使っていますよね？　ユーロに行くと、500ユーロ（約6万5000円）紙幣がありますが、怪しまれるのですごく使いにくいのです。ただし、500ユーロ紙幣はマネーロンダリングにはすごく使いやすい紙幣で、欧州中央銀行（ECB）が犯罪防止のために500ユーロ紙幣の廃止を決定し、18年末で新規に発行されなくなることが決まったほどです。

最後の稼ぎ時に東京の土地を買い漁る地下組織

渡邉　今年はパレルモ条約締結元年ですから、捜査機関間と税務当局間の直接的な情報交換が可能になります。

猫組長　とはいえ、海外組織は銀座の土地購入などから今のところ手を引いてはいませんね。パレルモ条約加盟から、実際の運用までタイムラグがあるので、当然その間は、多方面にわたってできることをやるのではないでしょうかね。最後の稼ぎ時ですから。

渡邉　資金運用として考えた場合に、東京の地価は世界の都市圏の中で最も安い。例えば中国の大都市部の不動産価格に比べると1／4とか1／5なのです。外国人から見ると、今の東京はそうした割安感があり、買っておいて資産運用すると賃料で確実に利回りが出る土地なのです。

1億円の物件があったとすると、ここで年間500万円の家賃が取れれば単純利回り5%ということになります。今はアメリカも含めて海外も低金利なので、5%の安定収益が得られる商品はすごく少ない。特に不動産については世界中で中国人が買い漁ったことも影響して値段が高くなりすぎました。ほとんどの国では逆ザヤ状態で0・何%という状況なのです。不動産という投資分類ならば日本の東京の地価は、利便性などから考えても不動産収益の利回り効率がたぶん一番良い。そんなこともあって、利回りを目的とした安定運用資産として買っている人も多いと思います。

猫組長　そのマーケットに犯罪収益が流れ込んでいるのですが、犯罪組織はバカではないのでダミーの会社を噛ませながら旨みを吸うわけです。

渡邉　自分が住んでもいい、買ってもいいと考える都市圏の中では東京が一番安いという状況です。これが象徴的なのですが、世界的なリスクが高まると円が高くなるのは、安全な日本に避難させるからです。とはいえ、そういう時は、正当なお金もブラックなお金も同時に入ってきているのです。

猫組長　ＳＤＮリストなのですが、日本のヤクザに限って言うとあまりにもビッグネームばかりで、そこに効果があるのかな？　という印象です。リストには都道府県公安委員から「指定暴力団」とされた組織の組長が載っていますが、そうした人たちが海外に直接お金を預けたり海外と直接やり取りしたり、また国内外を問わず主犯格として犯罪に関与するというのは考えられませんね。また国内外を問わず、実際に自分のお金を銀行なりに預けている人も少ないでしょう。

大物ヤクザが続々制裁対象に

渡邉　ＰＣＳＣ協定（日・米重大犯罪防止対処協定）の署名が２０１４年ですが、まだ完全に機能しているとは言い難い状態です。本来は日米間で犯罪者の情報は、指紋などの生体情報も含めて全部自動的に交換されなければならない。

　しかし、今後は暴力団員の名簿などはアメリカと共有される可能性があるということです。その時にＳＤＮリストもアップデートされることが考えられますね。神戸山口組は15年に結成されていますが、２０１６年12月30日に組織、組長、若頭、舎弟頭が大統領令１

３５８１に基づいて、米国司法権の及ぶ範囲の資産凍結、米国民との取引禁止させる制裁対象としＳＤＮリストに載せました。チャートも更新したのですが、これまでよりはるかに速く情報を更新しています。名簿は暴排条例に準ずるとのことです。

猫組長　警察がその人間を暴力団員と認定してリスト入りさせることを「Ｇ認定」と呼びます。「Ｇ」は「極道」の「Ｇ」です。そこで暴排条例なのですが、これは条例ですので各都道府県で少し違う。違うのですが、おおむね辞めてから5年間程度は「Ｇマーク」を取らないのです。つまり名簿に載り続けると。

例えば、２０１５年には元六代目山口組舎弟の後藤忠政元後藤組組長がＳＤＮリストに入りました。引退が08年で制裁対象になるようなことはしていないはずです。このケースは文字通りビッグネームだからということだと思います。「人権を求めるならばヤクザを辞めてから」が私の意見ですが、辞めた後のＧマーク問題などはもう少し議論されないと辞める人も増えないのではないでしょうか。

渡邉　現在では銀行の不正取引の監視が自動化していますので、恣意が入る余地は少なくなっています。オーストラリアにNuix Technologies社という情報管理ソフトウエア会社があるのですが、ここが「Nuix Investigator Lab」というソフトを開発しました。こ

アメリカ政府が公表した制裁対象者のチャート図

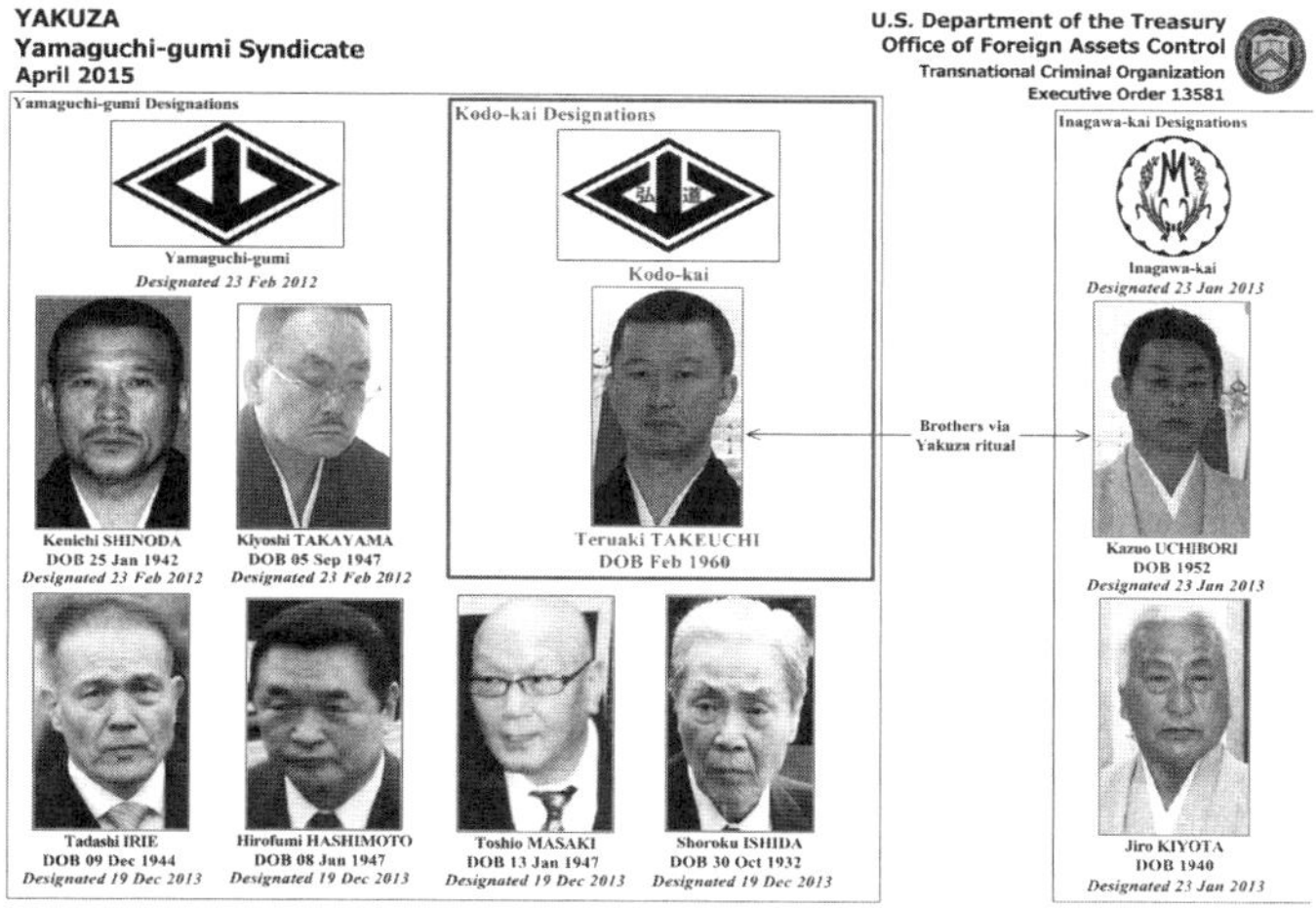

れは記録された銀行取引から個人名、会社名、預金などを抽出し相互に参照し、隠れていた関係性をピックアップするソフトで世界中の公的、私的調査機関が利用しています。

２０１６年に流出した「パナマ文書」は１１５０万点に及ぶものでしたが、従来であればその量の分析には１０００人規模で2年はかかると言われていました。ところがＯＣＲ（文字認識ソフト）で読み取ったあと、「Nuix Investigator Lab」でデータ解析したおかげで、流出とほぼ同時に公表できる形になったのです。

音声、テキストを含めて通信される決まった言葉を自動認識して記録するエシュロンという盗聴システムがありますが、これと同じで、現在不正な銀行取引は自動的にチェックされているのです。こちらの方はＦＡＴＦと連携するのですが、自動化すれば恣意的な領域は少なくなるかと。実際の武器の移動や麻薬取引を取り締まるのは、国連薬物犯罪事務所ということになります。

9・12任侠山口組射殺事件発生

渡邉　日本は組織的犯罪処罰法違反の改正、いわゆる共謀罪が成立して、ようやくパレルモ条約に加盟しました。今後も組織的犯罪処罰法は暴力団への規制に使われていくと予想しますか？

猫組長　改正される以前から、すでに暴力団の「暴力」の部分に対して、組織的犯罪処罰法は十分に機能している印象です。

まず２００５年、六代目山口組・司忍組長に対して銃刀法違反（共同所持）で懲役６年の実刑判決が確定しました。97年にボディーガードが拳銃を所持していた件で、検察側は司組長が「組員の拳銃所持を暗黙のうちに認識し、容認していた」と主張。司組長側は「拳銃を持ち護衛するよう指示したことはない。拳銃を持っていたことも知らず、共謀はしていない」と主張し、一審は無罪になり、二審で有罪となりました。最高裁は、「配下の組員の一部が被告を警護するために拳銃を携帯所持していることを、概括的とはいえ確定的に認識し、認容していた」と指摘。組長であれば知って当然ということで、司組長と組員らとの共謀共同正犯の成立が認定されているのです。

15年6月には、元六代目山口組四代目山健組の若頭で健國会の山本國春元会長に、組織的犯罪処罰法違反（組織的殺人）罪で懲役20年の判決が確定しました。07年四代目山健組五代目多三郎一家の後藤一男総長が刺殺されたのですが、山本元会長は首謀者として２０１

0年に逮捕されました。実行犯との通話内容は不明で通信した記録があったのみだったため一審は無罪でしたが、二審で有罪となりました。確定時に山本元会長は60代半ばであったため、懲役20年は実質的な終身刑と等しい判決と言えるでしょう

また、16年には六代目山口組二代目小西一家の落合勇治総長に東京高裁が無期懲役の判決を下しました。08年に二代目小西一家の傘下団体幹部が、住吉会系住吉一家伊勢野会の幹部たちに刺殺され、住吉会系住吉一家三角八代目の幹部が報復で射殺される埼玉抗争が起こりました。落合総長はその首謀者とされたのですが、こちらも実行犯と目される人物との通話内容はなく通信記録のみ。傘下組織の抗争で直系組長が組織的犯罪処罰法違反（組織的殺人）容疑で逮捕されたことから注目を集めている事件です。

渡邉　現在、六代目山口組と分裂した神戸山口組の間で抗争が起きています。今年は神戸山口組が、任侠山口組と分裂しました。やはり抗争が起こると考えて良いのでしょうか？

猫組長　四代目山口組の跡目を巡って一和会が分裂。1984年から89年にかけて起きた山一抗争では山口組側に死者10人負傷者17人、一和会側に死者19人負傷者49人、警察官・市民に負傷者4人と暴力と暴力がぶつかり合う、血で血を洗う状況になりました。六代目山口組と神戸山口組の抗争はそこまで凄惨な状況にはなっていませんし、再分裂も起こっ

ありません。この理由はガバナンスを支える力――「暴力」が簡単に行使できないことが原因ではありません。

しかし9月12日に、神戸山口組から分裂した任侠山口組の織田絆誠代表のボディガードが、代表の自宅近くで射殺される事件が発生しました。こうした事件を見ると、厳しい規制が抑止力として機能しているのかと、疑問に思う人は少なくないはずです。六代目山口組、神戸山口組ともに指定暴力団です。ところが12年に暴対法が改正され「特に凶悪と見なされる組織」として、「銃撃や火炎瓶を投げ込むなどの危険行為を繰り返す恐れのある組織」を「特定危険指定暴力団」、「抗争で住民の生命や身体に危険が及ぶ恐れがある組織」を「特定抗争指定暴力団」に指定できるようになりました。九州の組織はこの特定指定をされたのですが、組織そのものが存亡の危機に陥るほど大変な規制でした。こうしたこともあって抗争を激化することはできないのです。また、組織的犯罪処罰法によって傘下組員が殺人を犯そうものなら、ほぼ終身刑に近い罪がトップに下される危険性も高い。

9月12日の射殺事件はいみじくも共謀罪成立後に発生しました。任侠山口組の織田代表は「脱反社」を目指す一方で、「ヤクザはヤクザらしく」と発言しています。ヤクザらしく「返し」(報復)をするのか、司法の手に委ねるのか、今後の捜査ばかりか裁判での罪状なども含めて多くの面で注目が集まっています。

パレルモ条約vs暴力団

渡邉　共謀罪対暴力団で言えば直接的な「暴力」の規制に向かうだけではなく、犯罪収益を上げるところや、蓄えた犯罪収益を洗浄するところに対して向かっていくでしょう。

例えば16年7月に福岡県で警官を装った犯人たちに約7億6000万円の金塊が盗まれる事件が起こりました。福岡県警は通信傍受法に基づいて容疑者の携帯電話の通話内容を傍受しています。首謀者の1人に対しては3月2～10日に計47回、携帯電話の会話を傍受。愛知県警が逮捕前、首謀者に捜査情報を漏えいしていたことまでわかってしまったのです。

猫組長　00年8月に通信傍受法が施行された際、対象犯罪は薬物、銃器、組織的殺人、集団密航の4類型でした。しかし、16年に通信傍受法が改正され、組織性が疑われる爆発物使用、殺人、傷害、放火、誘拐、逮捕監禁、詐欺、窃盗、児童ポルノの9類型が追加されたのです。福岡県の件は組織性が疑われる窃盗で通信傍受が首謀者へ行われました。オレオレ詐欺などの特殊詐欺ではなく、窃盗団にも適用されたというのが印象に残りました。

この首謀者は暴力団ではなく、半グレとでも呼ぶべき不良だったわけです。現在、暴力団の末端が半グレ集団と組みながら、自動車泥棒やオレオレ詐欺などの「特殊詐欺」を行っていることが常態化しています。これまで野放しになっていた犯罪に対して通信傍受や、銀行取引などの金融捜査を用いた立体的な取り締まりが行われるようになるでしょう。

渡邉　共謀罪と報じられる改正組織的犯罪処罰法やパレルモ条約などの対象は、暴力団だけではないのです。

1981年からの第96回の国会参議院会議で、破壊活動防止法の監視団体についての質問が行われ、当時の公安調査庁長官が「左翼系統といたしまして7団体、右翼系統といたしまして8団体程度」「左翼関係としましては日本共産党、大日本朝鮮人総連合等でございます。右翼団体といたしましては護国団、大日本愛国党等8団体」と答えています。オウム真理教には「無差別大量殺人行為を行った団体の規制に関する法律」(団体規制法、あるいはオウム新法)が適用されたので、破防法の適用は見送られました。この破防法の監視対象は、国際的な基準で考えるとテロリストに該当するわけですが、ここは野放しになってきました。例えば沖縄の米軍基地をはじめとして「反対運動」と称したテロも野放しになっています。例えば米軍のヘリやオスプレイなどに対するレーザー照射などは、墜落も含めた重大事故に繋がる危険性もあるわけですから、もはやテロ行為と呼ぶべきものでしょう。パレルモ条約元年は、組織犯罪に対するガイドラインを国際標準に合わせ始めた元年とみるべきです。

猫組長　ようやく世界の捜査網の中に日本が組み込まれるわけです。一部の恣意的な報道に騙されて、反射的に「反対」の立場に立ってしまっている人が多いのですが、公共の福祉にとってとても重要な法律だということを理解するべきだと思います。

六代目山口組では機関紙「山口組新報」の7月1日号で、「テロ等準備罪〜あえて共謀罪を考える〜」と題した記事を掲載しました。記事中で〈任侠界に対する国策〉〈当初は手っ取り早く任侠界を対象にする〉として警戒を強めています。六代目山口組だけではなく、多くの組織でも勉強会が開かれ警戒を強めていますが、そもそも組織犯罪を共謀している時点でヤクザではないわけですから、何を警戒する必要があるのかという印象です。

共謀罪が対象とする犯罪は277ですが、例えば、組織的な殺人、逮捕監禁、強要、身代金目的略取等、建造物等損壊これらは立派な犯罪です。化学兵器の使用、毒性物質等の発散、あへん煙輸入、強姦、通貨偽造及び行使等……どれもこれも犯罪で、普通の人はやらないでしょう。こうしたことを集団で相談して実行する準備をしている時点で、もう普通の人ではない。そんなことをしなければ狙われないのですから、ヤクザもしなければ良いのです。現にこんなことしなくても、普通にヤクザでいる方もいるのですから。

石油・武器・麻薬、「犯罪資金」は「テロ資金」を内包する

渡邉　猫組長さんが、今現役だったら共謀罪に怯えないですか？

猫組長　断言できます。怯えない。私は暴対法に怯えていませんでした。暴力は大嫌いなので当然使いませんが、暴対法に引っかかるようなことをしません。暴対法対策は簡単ですよ。私は昔、それを勉強会の時にレポートで出したらめちゃくちゃ怒られましたけど。

渡邉　何でですか？

猫組長　暴対法施行直後に、各組織でレポートを書かされたわけですよ。で、直参の人から「暴対法に対する対策を組織でどうやっているか、取り組みとか意見を書け」と言われたので、「簡単です」と。「恐れるものは何もないです」と。「暴対法に触れることをしなければいいんです」と。三言も書いて提出したら、「そんなことができるならこんな勉強会開かんわーっ！　ばかやろう！」って（笑）。

渡邉　それは猫組長さんが、特殊な金融スキルを持っていたからじゃないんですか？（笑）

猫組長　どうでしょうねえ。

渡邉　暴対法の一番大きなところは、それまで町内会やＰＴＡなどと同じ任意団体だったヤクザ組織を「暴力団」と法規定したところ。さらに「犯罪経歴を保有する暴力団員が一定割合を占め、首領の統制の下に階層的に構成された団体を『指定暴力団』に指定する」として、重点的な規制対象を具体化したところでしょう。

縄張り内の営業者に対して「みかじめ料」や「用心棒代」を要求することや、地上げの禁止など暴力を背景にした経済活動は元々違法です。ただ暴力団員ということで取り締まりがしやすくなった面はあるでしょう。暴対法と暴排条例は違うものですが、暴排の方はどういった印象ですか？

猫組長　暴排条例はやっかいですよ。これはやっかい。暴対法というのはヤクザに対する法規制であり圧力なのです。しかし暴排条例は「暴力団と関与したら、あなたたちが処罰されますよ」という、暴力団と関係した一般人に対する法規制であり、圧力なわけです。

私が現役なら、暴排条例への対策は三言のレポートでは済まないです。逆に答えが見つからない。悩ましい気持ちを抱えたでしょう。

渡邉　では組織的犯罪処罰法は、どんな印象なのでしょう？

猫組長　暴排条例に比べれば、それほど悩ましくないですね。人と共謀しなきければ良いわけで、組織的に犯罪をしなければ良いのですから、三言のレポートに近い感じです。
　ヤクザというのは、ソロのマネタイズ（収益事業化）のスペシャリストというのが私の考えです。暴排が悩ましいのは、たとえ合法でもマネタイズの過程で、一般人を経由することが難しくなるからです。メリットがあっても、圧力とのバランスで一般人も関与をためらうでしょう。そうなると、マネタイズできることが少なくなります。
　なので、共謀罪とかおどろおどろしい言葉で表現されてますけど、組織的犯罪処罰法の改正については全然怖くないはずなのです。

渡邉　共謀罪の対象について、あたかも一般人が何かを話し合うとすぐに共謀罪で逮捕されるというような喧伝が行われています。しかし、本当にテロリストと一般市民はそんなに区別しがたいものなのでしょうか。
　今、沖縄の米軍基地、例えば普天間飛行場では反対運動として凧揚げをしたりしています。着陸直前のオスプレイに向かって凧を揚げたり、ツイッターなどを使って「ロケット花火を打ち込もう」と呼びかけたり。また、ヘリポート移設工事に反対するために道路を占拠して、機動隊員や防衛施設庁の人間を暴力を使って排除している。

オスプレイには人間が乗っていて、墜落すれば重大事故になりますし、防衛施設庁の人が頭を強く打って意識不明になるということは傷害罪なのです。こうしたことを「みんなでやろう！」としている人たちを一般市民と呼べるかどうかということなのです。

日本の大手メディア――新聞やテレビなどが意図的に「テロ」という言葉を使わないようにしているのかはわかりませんが、例えばオウム真理教が起こした事件は「オウム真理教事件」と呼ばれます。しかし、あれは「オウム真理教テロ」なのです。本来は。

１９８５年に中核派は首都圏と大阪府の国鉄の信号用ケーブルなどを切断し、運転不能にしました。これは「国電同時多発ゲリラ事件」とされていますが、本来は「国電テロ」と呼ぶべきでしょう。また、86年には、「横田基地ロケット弾発射事件」が起こっていますが、これも「横田基地ロケット弾発射テロ」なのです。もちろん事件の「戒名」は各所轄が付けるのですが、「テロ」として報道されないことに違和感を覚えます。暴対法がきっかけになって暴力団という名称が市民権を得ましたが、今回の共謀罪はこれまで「事件」と呼ばれていたものを「テロ」と呼ぶきっかけになるのかも知れません。

猫組長　１９７０年代の学生運動では、火炎瓶が使われました。しかしこれはもはや兵器なのです。威嚇のために使用するならまだしも機動隊員という「人間」に対して使用するのはもはや思想運動でも何でもなく殺人テロや殺人未遂テロと呼ぶべきものでしょう。

渡邉　メディアの影響なのか、「テロ」という言葉を、まったく別次元の犯罪行為であるかのように感じている人が多いというのが問題だと思います。提示目的達成のために暴力的行為を行うことはテロです。

靖国神社に油をかけて燃やそうとしたのはテロ事件ですし、対馬から仏像を盗んで韓国に持ち帰ることはテロなのです。見過ごされているのですが、そういうテロが当たり前に起きているにもかかわらず、それをテロと表現しないので、一般の人が「この国はテロと無縁で安全だ」という間違った認識を持っているのです。現在では極左の人たちが沖縄を舞台にそうした一般市民の誤解を悪用して、「反対運動」と間違った形で喧伝していますが、あれらは立派なテロの一部です。

これは学生運動で就職ができなかったインテリ層の多くがメディア業界に就いたというのが最大の原因で、ネットの台頭によって旧来の左翼インテリ層の欺瞞が露呈しているわけですね。

猫組長　日本という国は、「テロ」という言葉を特別に捉えすぎていることには賛成です。

例えば「犯罪収益」。この「犯罪収益」の中には、テロ資金も麻薬資金も入っているわけです。ここはすごく大事な点で、「パレルモ条約は組織犯罪に対する法律で、テロ対策の法律じゃない」という反対派がいるのですが、それは反対派の人たちが勝手に主張しているだけで、世界標準の組織犯罪の収益構造では、犯罪資金の中にテロ資金は絶対入っているわけです。イラン＝コントラ事件は氷山の一角で、あれと同じ構造は今も続いていて、麻薬、武器、テロ資金はセットなのです。

マフィアがテロリストから麻薬を買って、武器を供給して、その経済活動の収益が犯罪収益なわけですよ。私はそれを見てきた。アフガニスタン、チェチェン、イエメン……どれほど多くの血が流れてきたか。チェチェンの最前線で、武器弾薬を両方に売っているのは、ロシアン・マフィアです。チェチェン側にはアメリカ側が支援するわけですが、直接的に支援すると国際問題になるので、ＣＩＡなりＮＳＡ（国家安全保障委員会）なりがマフィアを使って武器を供給するわけです。ウクライナも同じです。ひどいものでしょ？　自分の国と戦う組織に武器供給するのですから。でもそれが世界の裏側のリアルなのです。

これを防止する枠に入らないということは、テロに加担している行為と同じですよ。

渡邉　日本では暴力団、極左組織など別々に独立して活動しているのですが、世界では相互に連動して経済活動なりを行っているということなのです。

猫組長　私が強調したいのは、石油と麻薬と武器の関係と、テロ資金、犯罪資金の関連で、これはとても大事なところなのです。

日本版カジノがもたらす闇

渡邉　ところで、日本では2016年12月15日に「IR推進法案」が衆議院本会議で可決されました。「IR」とは総合型リゾートで、カジノを含むことから「カジノ法案」と俗称されています。カジノとマネーロンダリングの関係は解説されましたが、日本版カジノ実現に向けて大きく前進したということです。

猫組長　「IR」を「カジノ」に置き換えて反対する人を増やそうとしていましたが、問題の本質ではなく表層的な政治論争に堕していた印象です。多くの政治家が「カジノ」の本質をわかっていない。

渡邉　今法案には「民設民営型カジノ」が前提で出来上がっていて、かつてあった「公設民営」「民設民営」の議論が無視されている。また、法案においては国や地方自治体がカジノから、収益や使用料を「取ることができる」となっていますが、これは「取る」とすべき文章です。

ＩＲ議連の中心人物である衆議院議員の岩屋毅氏も、16年12月11日、自身のＨＰで『「カジノ法（ＩＲ法）」の真実』と題して、「今回の法案はあくまでもプログラム法（基本法）であり、この法案が成立したからと言って、カジノがすぐさま合法化されるわけではない」と、説明していましたが、ザル法であることを当事者が認めておられるわけです。

離島に作るのか、都市型にするのかも含めて、細則等細かいルールも明言されていませんし、可決させた上で、非常によくない手順と言えます。

猫組長「カジノ」の是非ではなく、法案化の手順に問題があるということですね。

渡邉　はい。許しがたいのは、民進党を代表とする野党です。追及する点が多くある法案に対して、審議拒否など国会議員としての職務を放棄しているとしか思えない。これでは利害関係者にとって、都合が良いようにカジノが運営される危険性があると言えます。

猫組長　可決にいたるプロセスは拙速であると思いますが、私はカジノ賛成の立場です。現役時代には世界各国で仕事をしましたが、カジノはやり方次第では循環型の経済モデルを成立させることができるでしょう。併設されるホテル、会議場などインフラへの設備投資もされる。また、それらインフラはカジノとセットで、恒常的に利益をもたらしてくれるので公共の福祉に沿うと考えています。

渡邉　しかし、ドバイなど、世界中の総合型リゾート地の多くは不景気にあえいでいるのが現実です。

猫組長　その理由は、都市構造的な問題だと考えています。ラスベガス、ドバイ、マカオなどにあるカジノには博打しかない。一方で日本の都市はコンパクトで、鉄道をはじめとした交通インフラも整備されている。他のカジノ型リゾート地と違い、あらゆるものが楽しめるわけです。まさに世界一の総合リゾート型経済モデルを作ることができるでしょう。

渡邉　世界のカジノが不便な場所にある理由は、封鎖しやすいという防犯安全保障上の理由があります。東京のお台場案が検討されたことがありましたが、あれも同じ理由です。つまり都市型カジノというのは、利便性と防犯安全保障を同時に成立させることが難しいので、利便性を捨てて不便なところに作っているのが今までの流れです。

猫組長　そういう意味でも日本であれば、世界に類をみないＧＤＰ（国内総生産）を押し上げる規模のカジノ型リゾートを作れると私は考えています。

渡邉　元々カジノ法案は、沖縄振興策の一環でした。起点となったのが、米軍の普天間基地移設問題。日本人の米軍基地従事者はすでに身体検査済みである上に、警備等は元より、ハウスキーパーなどの仕事をしていたためホテルなどへの人材の再活用がしやすい。猫組長さんの賛成するモデルは、それとは違う都市型ということですね。

猫組長　まず成功モデルを作り、それを派生させるのはビジネスの王道ですから。何より交通インフラの整備されていない地方に作れば、地域振興にはなっても、今不況にあえぐ世界のカジノリゾート地と同じ結果になると予想します。

渡邉　確かに政府には都市型というか、都市近郊の郊外型施設を応用させる試案がありました。具体的には、セガサミーホールディングスなどが郊外で展開している、大型のゲームセンター。そこに設置しているコインゲームは、ペイアウト率（賭けた金額に対して、戻ってくる比率）も安定していますから、あのコインゲーム機を合法化して、カジノとして管理するというものです。

猫組長　私はそのモデルに反対です。「カジノ法案」に対して、「ギャンブル依存症への懸念」など極めて的外れな反論がなされていますが、カジノも経済も理解していない人間の暴論と言えるでしょう。そもそも「ギャンブル依存症」とは、パチンコで問題になりました。レジャー白書によれば、２０１４年のパチンコ平均消費額は年間約３００万円。勝ち負けは抜きにして、月25万円をギャンブルに使うことのできる層が「依存症」罹患率の高い層と言えるでしょう。ゲームセンターの機械では、敷居が低くなり「依存症」を生むリスクが高い。

高額なかけ金で遊ぶギャンブラーを「ハイローラー」といいます。都市に作る場合、パスポート提示を義務づけ、ハイローラー向けのカジノにするべきなのです。カジノの「ハイローラー」は「ギャンブル依存症」の層より、はるかに可処分所得の高い層です。世界の富裕層向けのカジノを作らなければ、都市にあるのに防犯安全保障面でも非常に危うい。「悪貨は良貨を駆逐する」のです。

アジアか北米か…犯罪収益の行き先はカジノ運営会社によってわかれる

渡邉　問題点を明らかにしたところで、カジノ解禁後の表経済と、地下経済への影響について考えてみたいと思います。まず「カジノ」の基本で、運営には企業が必要です。

コナミはすでに、アメリカのカジノ機器市場に参入。マルハンは出資という形で、07年にマカオのカジノ事業に参加したことが報じられました。このようにパチンコや、ゲームなどの遊興業系の日本企業は、すでに海外のカジノ市場に直接的、あるいは間接的に進出しているのが現実です。

また、マルハンはカンボジアで銀行を経営しているのですが、これも将来のカジノ運営を考えてのことと報じられています。負けて払えませんということがないように、カジノではチップの額に相当する金額を、一種の預託金として銀行に預けなければならない。カジノは「カジノ口座」とセットなので、マルハンのカジノ運営参画が予想されているのです。こうした企業は、日本のカジノ運営に直接関わることになるでしょう。

猫組長　表経済の動きは、おっしゃる通り。しかし、地下経済の人間がカジノを大歓迎する理由は、その「カジノ口座」にあるのです。

渡邉　と言いますと?

猫組長　カジノの決算は現金ですよね。しかも匿名性が非常に高い現金です。使用されるのも現金、払い戻されるのも現金。これが重要なのです。カポネの時代からカジノこそが、古典的なマネーロンダリングの場所。現在は金融システムが発達しています。金融システムの発達とは送金速度や、秘匿性、安全性など利用する側の発達だけではなく、金融を監視するシステムの発達でもあります。電子化された現金の動きは、常時国際機関に監視されている。麻薬取引から、テロ組織への武器取引まで、犯罪を現金の動きで覚知するわけです。

その時に生きてくるのが、古典とも言えるカジノ口座。先ほど「ハイローラー専用カジノ」でなければ、GDP上昇には寄与しないことを申し上げましたが、ハイローラー用のカジノ口座こそ、巨大な現金を出し入れすることができる。ややこしい銀行保証も必要ないし、自由に動かすことができるのです。

渡邉　10万ドルのチップは約1000万円、10枚で1億です。小型のスーツケースで何十億を持ち運ぶことができます。カジノチップにはICチップが入っており、誰に払い出されたのかわかるようにはなっています。しかし、それが「誰か」を調べるにはFBIなり、CIAなりNSAクラスでなければ無理でしょう。

猫組長　実際に、オーストラリアには資金移動専門のカジノもあって、10億円くらいなら瞬時に移動できるばかりか、オーストラリアドル、USドル、ポンドなど通貨の指定さえできるのです。私の現役時代にも知人のヤクザや、マフィアは「めんどくさいからカジノを使う」ということで、実際にこのやり方を利用している者がいました。私は触ったことはありませんが、拳銃や麻薬、あるいはテロ用の武器などの決済にカジノを使う人もいます。現場で直接チップを手渡してしまえば、それで決済できるのですから、カジノはあらゆる犯罪収益が行き交うのに最適の場所なのです。

渡邉　2005年に北朝鮮の武器調達代金の決済に使われたことでアメリカに制裁されたバンコ・デルタ・アジア銀行は、一部カジノ銀行でしたね。

猫組長　日本のカジノ市場を狙っているのは、アメリカ・ラスベガスのカジノ運営会社MGMか、マレーシアにあるゲンティン・グループのいずれかでしょう。ここもすごく重要で、MGMになれば犯罪収益はアメリカに流れ、ゲンティンになればアジアに流れます。日本でカジノ口座にお金を入れておいて、同系列の海外のカジノ銀行から引き出せば良いのですから、地下銀行にもなる。金融ヤクザにもアジア系を庭場にする者と欧米系がいます。日本のカジノがMGMかゲンティンかによって、庭場は変わってくるでしょう。

10兆円産業にヤクザ組織がすでに研究を始めた

渡邉　トランプ氏が次期大統領となったことでアメリカは政権交代をしました。日米関係も違ったものになるということで、アメリカのMGMが日本のカジノを運営することになる可能性は高い。最先端の金融ヤクザにとっても、カジノ解禁は重要なことだということが理解できました。それ以外のヤクザにとってのカジノ解禁は、どんな意味を持つのでしょうか。

猫組長　まず日本市場での、カジノの経済規模について説明したいと思います。2016年11月ロイターが「インタビュー：米MGM、日本カジノ投資は最大1兆円に＝会長・CEO」という記事を配信しています。しかし、これは「投資」の額。実はMGMは独自に市場規模の試算を出していて、この資料によると投資額の軽く10倍以上の経済規模になるとされています。

渡邉　海外から日本市場は良く見えるということはあるでしょうが、10兆円規模ですか……一体それはどんな資料なのですか？

猫組長　極秘資料（笑）。しかし私が読んだ資料は、世界的な投資会社が作成した、信頼できるものです。この経済規模から考えて、列島カジノは、既存のヤクザ組織にも巨額なウマミを生むことになるでしょう。

渡邉　確かに派生産業を生むことは間違いない。しかし、現時点でIR法案が可決されても2020年の東京五輪開催にカジノは間に合わない。にもかかわらず、すでに具体的に動いている組織はあるのでしょうか?

猫組長 先ほどのロイターの配信記事では、「MGMとしては大都市型にフォーカスを当てている」と報じられています。あえて名前は伏せますが、大都市部に本拠地がある、ある広域組織内では、すでに「自分たちはカジノで何ができるのか」という研究が始まっています。「官製常盆」「国営常盆」ですからカジノ関連でビジネスをするためには、警察など「官」と融通しなければなりません。関東ヤクザは、国策の一環として作られた歴史的背景がある。つまり「ガバメントコントロール」が効くわけです。そういう意味では組みやすい相手でしょう。

渡邉 関西の指定暴力団として六代目山口組と神戸山口組ではどうでしょうか?

猫組長 「六代目」の中核組織は三代目弘道会で、非常に反権力的性格が強い。また六代目山口組・司忍組長は國粋会を傘下にし、首都に「山口組」の代紋を掲げました。これに警察庁は激怒しているので、官としては「六代目」とは組まないでしょう。

渡邉 ホテルのリネンの交換、金貸しなど派生産業が多く生まれることは想像できます。しかし一般企業が参画すれば良いところに、暴力団を関与させる理由はあるのでしょうか?

猫組長　世界中「賭場と暴力」はセットです。治安維持もそうですし、派生していく売春、金貸しなどにも暴力は必要です。「賭場」でのトラブルを未然に防ぐためにも、トラブルが起こったあとでも「暴力」が最も効率的に機能するからです。ただし組織が恒常的に大きな利権をものにできるか、派生した小さな部分を奪い取ることしかできないかは、官との関係にあると言えます。

渡邉　その利権を巡った争いもあるでしょう。ヤクザが胴元を務める非合法賭博などは、カジノによって駆逐されるのでしょうか？

猫組長　関東にカジノができた場合、関西の組織は力で利権を取りに来るでしょう。名古屋以西にできた場合は他の広域組織が入れないように、力で防ぐことになるでしょう。

現在でも日本に公営ギャンブルはありますが、ノミ屋や野球賭博はなくならない。ギャンブルは個人の嗜好性で選ばれるので、カジノができたからといって既存の違法賭博がなくなることは考えられません。

渡邉　パチンコが合法か非合法かの議論もせずに、可決されたＩＲ法案。しかし、地下経済は早くも蠢き始めているのですね。

第六章

地下経済から見える世界情勢の現在

「ビットコイン」の正体

渡邉　さて、最後に「最先端」の裏の金融について触れてみたいと思います。

表も裏も含めて「最新鋭の金融スキル」と良く言われるのですが、商売というのは昔も今も基本的に一緒で、名前が変わっているだけなのです。昔でいう口入れ屋さん、手配師さんが、今になって「人材派遣業」と呼ばれるようになりましたが中身は同じですよね。金融スキルというのも変わってはいなくて、ホテルニュージャパンで有名な故・横井英樹氏の乗っ取りも、ライブドア時代の堀江貴文氏のM&Aも基本的には名前が違うだけ。使っている媒体、材料、名前が変えられているだけなのです。

今は「ビットコイン」というのが話題になっています。「ドルや円をビットコインというネット上の仮想通貨に変換して、世界中で使える電子マネーにしましょう」と言うものなのですが、まだ完全に実用化していません。なぜ話題になるのかというと、投資対象になっているわけです。元々複数の会社が「ビットコイン」を作っているのですが、「1ビットコインは今4万6000円で買えて、4万8000円で売れる」となったら2000

円儲かることになります。ここから「今ビットコインを買うと確実に値上がりする」などの詐欺が行われるなどして、ニュースになっているわけです。

70年代の天下一家の会事件、80年代後半の国利民福の会事件。約1万2000人から約350億円を集め1997年にトップが逮捕された経済革命倶楽部事件と「ビットコイン」は何が違うのか。あるいは、創業者が2012年に組織的犯罪処罰法違反（組織的詐欺）で懲役18年が確定したエル・アンド・ジーの円天と「ビットコイン」の何が違うのかが、私にはわかりません。

戦後GHQが日本で接収した極秘資金が今でも運用されて巨額資本として世界を動かしているという「M資金」がらみの詐欺は、詐欺師が被害者の思考をパニックに陥らせて騙す振り込め詐欺などの特殊詐欺に姿を変えました。表の言葉で言えば「スキル」、裏の言葉で言えば「詐欺」なのですが、不変なのです。なので、「最新」というよりは、「流行」の金融スキルということなのだと思います。今の世界で流行している金融スキルを教えていただけませんか？

世界で流行する「ＳＫＲ」とは

猫組長　そうですね。金（ゴールド）を使ったやり方があるのですが、ＳＫＲという言葉はご存知ですか？

渡邉　本来はSafe Keeping Receiptの略で直訳すれば「倉庫証券」。金地金（きんじがね）の保有者が、銀行に金地金を預ける際に証明書として発行されるもので、金担保証券と呼ばれます。

猫組長　おっしゃる通り。預けられた金地金の売買や譲渡をペーパー化したＳＫＲでやり取りすることが多いので、ＳＫＲは証券の側面も持っています。一部の銀行は金のやり取りがペーパーのみのやり取りになっているのを利用して、実際以上のＳＫＲを発行していて、それが〝幽霊マネー〟と化しているのです。

サウジアラビアでも、ロシアでも良いのですが、世界中の富豪は金をトンクラスで保有しています。もちろん現物なのですが、セーフキーピングハウスという専用の保管庫があるのです。保管庫の所有者は民間の銀行だったり、時に政府だったりします。そしてＳＫ

R自体が有価証券として売買されているわけです。

大口の金（ゴールド）、例えば1トンの金地金が譲渡される場合、モノは動かずにSKRだけ動かすのです。その規模の金地金は専用のセーフキーピングハウスにはたくさんあり、実際に金を引き出す人はほとんどいない。そこで銀行が1トン分の金地金を担保にして、10トン分ぐらいのSKRを作って貸し出すわけです。所有者は金（ゴールド）を持っていても価格の変動リスクがあるので売買せずに、SKR自体をリースで貸し出すわけです。「レシプト」というのですが、金の所有者はセーフハウスに保管したままリース料という利ザヤをもらえますし、銀行は銀行で仲介手数料がもらえます。

SKRの「レシプト」の特徴は、とにかく金額が大きいということ。10億円、20億円の小口になると、現金化されて持って逃げられたら終わりなので、その単位は何百億円、何千億円なのです。そしてSKRは、運用で使われているのです。

例えば100億円くらいのSKRのリース料は年間10％程度。リースしたSKRをオフショアのファンドに組み込んでもらうのがパターン。弾丸のことを「バレット」（bullet）といいますが、弾丸のように短い期間のファンドを「バレット・ファンド」と呼びます。3日なら「3days bullet」、5日なら「5days bullet」。また、毎週運用益を受け取れて24

週間で完結する「24週プログラム」や、40～44週で完結する「ＰＰＰ」などその期間、運用益の受け取り方などで色んなファンドがあります。銀行はこうしたファンドの募集をかけているので、富裕層は証券を作ってオフショアのファンドに入れてしまうわけです。それが勝手に回ってお金持ちは運用収益を、銀行は手数料をもらうと。

渡邉　フェイクマネーですね

猫組長　はい。そうやって、絶えず色んなプラットフォームで毎日マネーゲームが行なわれているのですが、お金持ち以外の人でも参入できないわけではないのです。原資がないとこのゲームに参加できず、ＳＫＲを使うには年間10％のリース料を払わなければならない。しかし、ＳＫＲのリース料自体を証券で作ってしまえばいいのです。イエメンの石油のところでお話ししたように、私が当時のレートで３５０億円のＢＧを作るのに使ったお金は約８００万円。これと同じことをすれば良いのです。

　世界の富裕層というのは銀行などに多額の資産を預けて、そこから証券で貸し出すのです。それに対する収益やリース料をもらえるので、世界にはお金持ちが貸し出す証券が何種類もある。それを国際金融を得意とする経済ヤクザなりが借りるわけです。１００億円のＳＫＲを作るには10億円必要ですが、10億円の証券は2～3億円の証券で作れます。

渡邉　フェイクマネーをフェイクマネーが生む構図ですね。

猫組長　石油の話の時に少しでてきましたが、銀行が発行する支払い保証書をＢＧ（Bank Guarantee）といいます。自分が飛んでしまった場合に、銀行がその支払いを弁済するという書類です。例えばＨＳＢＣが発行するＢＧは通常、18枚つづりになっていて、名義人の顔写真や名前、サインといった個人情報も掲載されます。ＢＧを使えば、国をまたいだ巨額送金が現金ではなく証券のやり取りになるので、捜査当局の規制を受けにくいメリットがあって、マネーロンダリングに使われることもある。そして、このＢＧも原資に運用することができるのです。ＢＧの発行には当然のことながら担保になる原資を銀行に差し入れなければなりません。そこに証券が使われるのです。

ペーパーばかりが回っているのが今の世界の金融です。ペーパーを入手する必要経費を超える運用益を上げれば、儲けになるマネーゲームなのですが、まさにこうして大量生産された証券――フェイクマネーはタックスヘイブンというブラックホールに流れ込み、さらにレバレッジによって膨張して金融市場に投入されているわけです。

渡邉　実際に儲かるのですか？

猫組長　規模やファンドマネージャーや、銀行によって違うのですが、ＨＳＢＣやクレディ・スイスの40週〜44週プログラムなどには年利100%というのもあります。

渡邉　しかし破産リスクがありますよね？

猫組長　もちろんあります。ただ海外の政治家が政治資金を作ったり、銀行が儲けるためのファンドでは破産というのはなかなか起こりません。1兆円規模のファンドの中に、個人の運用を紛れ込ませて、先上がりするので最初から利益は確定しているようなものです。これが今流行のスキームですね。

「ドル」こそフェイクマネーだ

渡邉　マネーロンダリングの歴史でアル・カポネとカジノの話を猫組長さんがしてくれましたが、金融スキームの仕組みは基本的には変わらない。この証券を使ったものでは、最後のバレット・ファンドやPPPの部分だけが新しいと言えば新しいという印象です。

ＳＫＲとは、まさにアメリカのドルそのもの。ドルも同じ金の引換券です。1944年のブレトン・ウッズ協定でドルは世界の基軸通貨と決まり、金1オンス（約31グラム）＝35米ドルと定められ、そのドルに対し各国通貨の交換比率を定めたのです。大戦直後には世界の金保有額の3分の2がアメリカにあったとも言われていますが、ドルを担保する金を持っていたのがアメリカの中央銀行にあたるＦＲＢ（連邦準備制度理事会）です。

ブレトン・ウッズ体制は71年のニクソン・ショックで終わりますが、ＦＲＢはいまだに金を保有していると言われています。ニューヨークの連邦準備銀行の地下24メートルにある金庫や、ケンタッキー州のフォートノックス陸軍基地内の建築物、コロラド州デンバー、ニューヨーク州ウエストポイントなどに分散して保管されていると米造幣局は発表しています。これらは厳重に管理されていて、国家のセーフキーピングハウスということになります。誰も見たことがないけど……。

猫組長　ドイツは世界で2番目の金保有国なのです。ところが、戦争に負けたあと東西冷戦が始まって「ソ連が攻めてきたら取られてまうで！」と迫られ、ドイツ政府は保有している金（ゴールド）を外国に預けたのです。政府が所有する金地金のうち66％をＦＲＢ（アメリカ）、21％をイングランド銀行、8％をフランス銀行に預けました。ドイツ本国にあるのはたった5％。そして２０１２年、ついにドイツ連邦裁判所が「金を確認するべきだ」という旨の報告書を連邦議会に提出しました。そこで、ドイツが預けてあるはずのアメリカ、イギリス、フランスに「預けた金塊を見せて欲しい、チェックさせて欲しい」と申し出ると、現在の詳細な状況も知らせずに「適切に管理している」という書類が全部の国の銀行から返ってきたという顚末ですね。

見せるも見せないも、あるわけないですよ。ニクソン・ショック自体が、ドルと交換できないほどアメリカの金保有量が減ったことが原因とされています。また、ニクソン・ショック後は、ドル安を防ぐために金を売って介入したという説もあります。預かっているものはすでに溶かしてしまったでしょう(笑)。2008年には、リーマン・ショックもありましたから。

渡邉　ドイツは国外に預けた1500トンの金塊を自分の国に移動させようとしたのですが、アメリカが拒否しました。結局2013年に、2020年までにアメリカとフランスから合計674トンの金塊を移動させることを発表しました。単純計算しても毎年96トン以上移動させなければならないはずです。2013年にフランスは32トンを返しましたが、アメリカが返したのは、たった5トン。だいたい現物があるなら、どうぞ見に来てくださいで終わりですしょう(笑)。

猫組長　アメリカとしても「どうせ預かりものだから、困ったら勝手に売って、『ドル』という証券だけあるふりをしておけばわからない」とでも思っていたのでしょうね。

金が保管されてるといわれる場所

フォートノックス

連邦準備銀行地下24メートル

出典:FRBのHPより

「第二次大戦が終わった時、欧州とアジアの主要工業国の経済は疲弊していました。彼らのためにアメリカは、過去25年間にわたり1430億ドルの対外援助を行いました。それは正しいことでした。今日彼らは我々の援助に大きく助けられて活気を取り戻しました」とニクソン・ショックの時にニクソンが言うのですが、自分たちのお金で世界中が復興できたんだろ、という意識もあったでしょうから、何か言われたら「はいはい、あるあるって言っておけばいい」という感じなのでしょうね。

08年のリーマン・ショック後にアメリカに預けてある金の引き渡しを中国が求めて、09年にアメリカから中国に金を送ったという報道がありました。それによると1本400オンスの金塊が6000本、アメリカから送られ、FRBで保存していたことを示す刻印も押されていたというのですが、金を中国が調べたところ中身がタングステンだったというのです。

渡邉　金とタングステンの比重は1㎤で0・02gしか違わないので（金19・32g／㎤・タングステン　19・30g／㎤）量っただけではわからないのです。

猫組長　SKRの量がきちんとあるのか心配したお客さんの依頼で、タイのセーフキーピングハウスに金塊をチェックしに行ったことがありましたが、山積みにしてある金塊を前

フェイクゴールド

に「本物ですか？」と尋ねると、「防犯のために表側は全部インゴットの偽物です」と答えていました。アメリカも中国に「つい間違えた」と言ったらしいのですが、絶対わざとで、「バレない」と思ったのでしょう(笑)。偽の金塊を調べるのは蛍光X線分析装置など高額な特殊検査装置を通さないといけないのですが、まさかFRBの刻印を打った金塊を調べるとは考えていなかったのでしょうね。

東西冷戦下のドイツの金塊についてもヤクザと一緒で、「お前金の現物持っとっても危ないし、しゃーないやろ。うちがケツもったるさかい、預かっといたるから心配すんな」と。で、冷戦が終わってあんまり返せ返せっていうものだから、「もうほんと仕方ねえな」と、言って5トンだけ出したってことですよ。ちなみに、この8月、アメリカからドイツ到着した金塊は入念にチェックして全部本物だったと報道されていますね（笑）。

渡邉　とはいえその中国では金やプラチナ、銅、ニッケルなどを倉荷証券で商取引しています。倉荷証券とは「倉庫でこの金属をこれだけ預かっています」という預かり証で、まさにSKR。その預かり証を担保に売買が行われるところまで同じなのですが、あの国の〝倉〟はセーフハウスでも何でもないので倉庫を見に行ったらだいたい物がない。

猫組長　中国のスポットの石油もすごくて、届いたら水ってことが何度もありました（笑）。

しかしここまでアメリカが多くの国に対して無茶を通せるのは、やはり武力によるところが大きいですね。ヤクザが経済的に立ち行かなくなった大きな要素は暴力性が薄れたことですが、アメリカの暴力性は際立っています。

「SNS相場」実験を開始

渡邉　ご自身が最近やっている経済活動で面白いものはありますか？

猫組長　ありますね。今、私が試験的に行っているのが「SNS相場」というものです。私の経歴からすぐに「非合法だ」と考える短絡的な人も多くいますがこれにはまずインサイダー取引のことを説明しなければなりません。

渡邉　インサイダー取引というのは、会社の役員など重要な立場にいる関係者や、その関係者から情報を聞いた人が、その会社の株価に重要な影響を与える「重要事実」を知って、その重要事実が公表される前に、特定有価証券等の売買を行うことです。

インサイダー取引を行った者は、5年以下の懲役か500万円以下の罰金、もしくはその両方で罰せられ、得た財産は没収。関係者が犯罪を行った法人には、5億円以下の罰金がかけられる重い犯罪です。

猫組長　ある企業の社長の愛人がいて、この愛人と行為の最中に社長が亡くなったと。この愛人は秘書に連絡したのですが愛人宅で死んだとは発表できないので、一度病院に連れて行ってそこで死んだことにすると伝えられた。発表も当然遅れます。そこで愛人は翌朝一番で株を売った——この場合、愛人はインサイダーに当たります。

渡邉　株で儲けを生むのに当たって、情報を入手できるかできないかというのはとても大きな違いになります。そしてその情報というのは内部の当事者に近ければ近い程、正確で衝撃力も大きなものです。その情報を聞いた善意の第三者になれるかなれないかの話ですよね、インサイダーか否かというのは。

猫組長　しかしまた聞きで情報を得た人はインサイダーにはならないのです。昔、ある超大手企業の重職に、そこの社長のバカ息子が就いていました。そのバカ息子は、ホステスに「うちの株買うといいよ～！」と、理由も含めてベラベラ話して買わせていました。ところが、そのホステスは当時私の愛人でしたので、「あそこの人がこんなこと言ってたよ」と私に言うわけです。そこで、私は黙ってそこの株を買っていたと。これは、また聞きですから、問題なしということです。

つまり、株で儲けるカギは情報ですが、入手先が常に問題になる。SNS仕手は発信の方を利用するやり方です。昔は情報伝達の手段が今より格段に遅かったので、仕手相場が上がり出して、そこで初めて気づいて提灯ついて、上がっていくというパターンだったのです。しかし、今は、SNSで一気に情報を拡散できますよね。株の取引速度も格段に速くなったので、すごい速度で情報が株価に反映されます。

そこでもし情報の発信者に影響力さえあればSNSで「○○の株価が上がり出した」と発信するだけで一気に株価が上がっていくわけです。そして株式の取引速度も格段に速くなったので、すぐに株価に反映されます。それを私は「SNS相場」と呼んでいます。

「ネトウヨ」(ネット右翼)や、「ネクザ」(ネットヤクザ)がネットの世界に出てきたように、ネット仕手というのを個人でもできるようになったのではないかと考えています。

渡邉　情報の入手にはインサイダーのリスクが伴いますが、発信の方では「風説の流布」のリスクがあります。その違法性をどうやってクリアするのですか？

影響力で株価を作り出せ！

猫組長　株価の上昇に一気に飛びついて、瞬く間にいなくなってしまう短期の個人投資家を「イナゴ」と呼びます。SNS仕手というのは、SNSの情報発信力を利用して「イナゴ」に飛びつかせ「イナゴ相場」を形成するということなのです。

ある企業についての何らかの真偽不明のニュースを発表前に知っていて「A社の株にはこういうニュースがあるから、こういう風に上がる」と言うのは風説の流布になる。事実と異なったらダメなので。しかし、影響力の強い人が「この株を買います」と発信して本当に買ったり、「この株を買っています」と発信して、それを見たイナゴがその株に飛びついて株価が上がるのは自然な価格形成です。買う意思が本当にあること、買っていることを一瞬で大多数に向かって拡散できることがTwitterなどのSNSの特性で、この情報発信は自由です。

渡邉　自分の「影響力」で株価を作り出すということですね。

猫組長　そうです影響力さえあれば、それに株価が反応していくという新しい価格形成の形ができていっているのだと考えています。

渡邉　売買をしていない人が株に関係なく真偽不明のニュースを流しても風説の流布には当たらない、売買をしている人が株に関係させて真偽不明のニュースを流すと風説の流布に該当する。しかし、「買っている」や実際に買うことを前提に「買おうと思っている」という情報の発信は事実だから風説の流布には当たらないと。

猫組長　その事実を受け取って「買う」「買わない」を判断するのは、その情報を受け取った人の自由ですから。仕手自体は合法で、プチ仕手など毎日仕手が起きているという状況が今の株式市場です。

渡邉　相場操縦的行為と自由な価格形成の境界線は曖昧なところがあるのですが、確実に違法なものがいくつかあります。一方で日本経済新聞を見て株を買う人もいて、その場合、配られる前の日本経済新聞の記者が株を買うのはアウトですが、日本経済新聞そのものが相場操縦をしているとは言われません。つまり、SNS相場という仕手が成立するということは、個人個人がメディアを持ったということなのです。現役時代の投資活動と、引退後の投資活動の最大の違いは何ですか？

猫組長　まず私は暴力が嫌いだから武力に頼らず仕事をしていました。経済活動＝債権回収ということしか考えられないヤクザもいましたが、私は人を追い込むような取り立てはできませんでしたし、そもそも債権回収なんて馬鹿らしくてやりたくなかったですよ。

渡邉　債権回収も今や免許制なのでできないですよね。

猫組長　もう今やったら捕まりますね。だいたいヤクザに依頼してくるような債権など、ロクなものではないのです。ヤクザに近いところで生きてきたような人でも取れないから、本職に頼んでくるのです。そんなことをやる必要性を感じなかったですよ。

そこで現役時代との経済活動の違いということなのですが、株で言うと、現役時代の私は新株を発行させてマーケットで売っていましたが、今の私は「場」（相場）に参加して、一般投資家と一緒に直接売買しているので、そこが一番変わったところですね。

渡邉　やはり規制が厳しくなっていく過程で、自分がプレイヤーになれなくなっていたということですか？

猫組長　現役の時はなれませんでしたね。証券口座は持てませんでしたし、名前が出たらアウトでしたから。今は自由に参加できる。

渡邉　プレイヤーに戻れて面白いものですか？

猫組長　戻れて最高！　正々堂々と場で戦えるというのは最高ですよ。

渡邉　手数料商売から相場師に戻れたと？

猫組長　はい！　普通の人で、毎日朝9時から15時まで、熱中できることってあります？　現役の時はないですよ。決まった株が出て、決まった市場で売って、この繰り返し。特に高揚感もなく、流れ作業ですから。

相場を支配するＡＩアルゴリズムを騙す

渡邉　さらに現在では、手口が高度にデジタル化しています。ヘッジファンドなどが得意とするのは、その株の売買にプログラムを使用して、株式と債券でカラ売りをかけるのです。株式は不確定な将来の収益に対する投資、債権は確定した収益に対する期待というのが基本ですが、この両方に仕かけるわけです。

今、企業価値はほぼ時価総額で決まります。そこで時価評価額が落ちていくと、どんどん企業の存続可能性が落ちていくのですが、それに伴って当然、債権の値段も落ちます。ヘッジファンドは時に債券と株式同時に空売りにかけます。で、プログラム通りその会社が潰れかけていくとぼろ儲けになると。

日本は企業社会の風土がありましたけど、ヘッジファンドにとってはそんなのどうでも良くて「上場企業」というのはマネーゲームのツールなのです。ヘッジファンドの儲け方がなぜ「ヘッジ」かというと、売りから入るからです。元々「ヘッジ」というのは投資対象の価格変動に伴うリスクを回避することなのです。一般的な投資家は「買い」から入りますから、「ヘッジ」するには最初に反対の「売り」から入ることになります。売りから入るので、ヘッジファンドがこける時はあっという間にこけてしまうのです。

猫組長　今の株式市場はＡＩ（人工知能）が支配的で、ＡＩを応用したアルゴリズムばかりなのです。そこで私たちは手動でそのアルゴリズムを騙しに行っているのです。

渡邉　証券会社は今、当たり前のように高頻度取引とフラッシュ・オーダーを行っていて、アメリカの市場では２０００年代後半以降、取引高の約半分が高頻度取引によるものと言われています。

例えば人間は数字を認識して売り買いの判断を出しますが、コンピューターは同じことをミリ秒単位で何度も繰り返すことができます。この速度の速さを利用して1円単位の売買を繰り返すのが高頻度取引。フラッシュ・オーダーというのは、その高頻度取引を利用できる一部の顧客に対して一般投資家よりも30ミリ秒だけ早く約定機会を提供していて問題視されたものです。しかもこのフラッシュトレードと、さらに債券の売り買い全部を混ぜ込んだＡＩアルゴリズムさえあるのです。

猫組長　ＡＩのアルゴリズムの能力はどんどん上がっていて、それを騙すのがすごく面白いのです。意図的に予期せぬ動きを見せて、人工知能に察知させて、買いのサインを出させるわけです。すると高頻度取引をしているから、一斉に反応して上がると。ゼロ戦で最新鋭の戦闘機と空戦やっている感じですね。

渡邉　１９８7年のブラックマンデー以来、一定以上の値動きが起こった時に取引を自動停止する「サーキットブレーカー」という制度が設けられました。まさに「遮断機」（サーキットブレーカー）です。ところが、このサーキットブレーカー制度や、ある一部の取引だけ制限する「サイドカー」が多用されています。

その理由はコンピューターの暴走で、自動的にコンピューターが成り行きで売買してしまうので、株価が急騰したり、急落したりするからです。コンピューターの成り行きは犯罪にならないのですが、一般投資家が巻き込まれるので規制すると。

かつては投資家の頭を冷やす意味での「遮断機」だったのですが、今は文字通りコンピューターの「遮断機」として多用されるようになったわけです。何秒間とか何分間とかその程度の時間の取引停止から、場合によっては1日取引停止とか、そういうことをやらないといけない時代になりました。猫組長さんは暴走状態を人為的に作り上げているとのことですが、そういうプログラムを使う相手は資本力も大きいので、猫組長さんくらいSNSで影響力がないとなかなか勝負にならないでしょう。

伝説の相場師・加藤あきらのテクニック

猫組長　AIアルゴリズムが支配する相場でこそ、昔の経験が役に立ちます。例えば故・加藤あきらさんのお家芸は今でも有効ですよ。

渡邉　80年代に仕手集団「誠備グループ」を率いて「兜町の風雲児」と呼ばれた方ですね。1981年に東京地検特捜部に所得税法違反容疑で逮捕。顧客名を明かさないまま、83年に保釈。88年の東京地裁での判決では起訴事実の主要部分が退けられ、実質無罪となって相場の世界に復帰。手がけた銘柄は「K筋」「K銘柄」といわれ、晩年まで強い影響力を持った伝説の相場師です。

猫組長　信用取引で空売りをしている人が買い戻すことを「踏む」といいます。この時、空売りしている人は市場から株を買います。空売りの注文がたくさんあって、耐えきれずに買えば買いが買いを呼んで値段が上がると。そういう相場を「踏み上げ相場」というのですが、加藤さんはこれを作るのが得意な相場師でした。

なぜこんなことができるのかと言えば、現役時代の私がさんざんこれでやられたからです。敗北によって学習しているので、空売りしたくなる相場を作って大量の空売りを誘い込んで、貯まったところで買い上がっていくと慌てて買い戻すので……このタイミングとか流れは経験で刻み込まれていますね。

渡邉　空売りの危険性は買い戻しをしなければならないことと、日歩がかかることです。信用で売ったものは、必ず期日、決済期までに現物を入れて現物で納めなければならないので、耐えきれないと思ったら少しでも損害を収めるために高い値段でも買っていかないといけません。その仕組みと心理を利用したスキルですね。

猫組長　それでも問題になるのは、資本力。誘い込んだ空売りが、踏む気持ちになる資本力がないと。実弾がなければ戦争ができないのと同じで、実弾の量がカギなのです。

渡邉　結局戦争は兵站、ロジスティクスが勝敗を分ける決定点。後方から兵器を開発して、物資を送ってと……バックドアの供給部分の整備が経済の戦争でも決定的になる。

アメリカが所有しているのは、世界最大の広告代理店による広報能力、陸海空のアメリカ産軍という軍事力、そしてドルによる石油と食料の売買。戦争に勝つすべてが揃っているわけです。これは個人のレベルでも、国家レベル全部一緒で、裏も表も全部一緒という話ですね。相場師というのは、究極のギャンブラーですが、一番問題になるのはギャンブルと同じで、いつゲームを降りるかなのです。

猫組長　ババ抜きと同じで、最後のはめ込みに巻き込まれないようにすることです。「はめ込み」とか「解体屋」というのは専門用語で、簡単に言うと、買いの注文が入って値段が上がっているところで、大きな売りをぶつけて相場を終わらせてしまうことです。SNS相場の実験過程でTwitterで私を「解体屋」と呼んでののしっていた人がいましたね。ただ、「解体屋」は本当に優秀でないと務まらないので、称号だと受け取っています（笑）。

株というのはまだ楽しめますが、国際金融の現場では証券だけが世界中を回って、オフショアというブラックホールに呑み込まれていっているわけです。そのことの方がそら恐ろしいと思いますね。

甦るハイマン・ミンスキー

渡邉　世界中のフェイクマネーと言われる実体のない資金と言われるものはレバレッジをかけて膨張するのですが、リーマン・ショックの直前で現物の資金と比較して70倍ぐらいまで膨らみました。サブプライムとリーマン・ショックによって、35倍ぐらいまで落ちたと言われています。

猫組長　もうちょっと……30倍くらいまで落ちた印象ですね。

渡邉　では落ちたので何をしたかというと、中央銀行がお金を刷りました。2倍、3倍と刷ると、結果的に母数が増えるので、レバレッジによって膨らんだフェイクマネーが収縮したようになります。この理屈で、実際に世界の資金の状況が補われたのが今の状況なのです。そこに中国のようなどれくらい借金があって、どれくらいお金を刷っているのかも正確に伝えない怪しい国が出てきて再度レバレッジかけまくっているので、お金は余っているのに実体経済が全然上がらないのが今の世界経済の状況なのです。

猫組長　そういう意味で低いところで均衡しているのです。しかしそれはすごく危うい均衡なので、弾ける時は一気に行く可能性が高いのです。しかしですね、好景気でも不景気でもピークまで行ったら壊すしかないのです。

パンクをさせてまた余白を作って積み上げていくというのは、繰り返された歴史が証明しているじゃないですか。１９２９年の世界恐慌、戦後日本も含めた西側諸国の高度経済成長、そしてバブル崩壊、リーマン・ショック……パンク先を押しつけ合って、膨らんだ債権をまたよそへ転売して、これを組み合わせて新しい債権で投資家に売りに行きと、ねずみ講のようになってしまっているのです。それが現状の国際金融なのです。

渡邉　まさに、ハイマン・ミンスキーの金融不安定仮説ですね。政府による金融市場への介入に賛成し、規制緩和に反対していたのですが、96年に亡くなったミンスキー博士の評価が高まるのは死後、サブプライム問題の時です。金融不安定性は以下のプロセスで進むとしています。

①経済が好調な時、投資家はリスクを取る
②リスクに見合ったリターンが取れなくなる水準まで、リスクを取る
③何かのショックでリスクが拡大する

④慌てた投資家が資産を売却する
⑤資産価格暴落
⑥投資家が債務超過に陥り、破産する
⑦投資家に融資していた銀行が破綻する
⑧中央銀行が銀行を救済する
⑨そして、最初に戻るというものである。

この流れの中で暴落のところを「ミンスキー・モーメント」と名づけ、98年にロシア財政危機を説明したのが、世界最大級の債券ファンド、パシフィック・インベストメント・マネジメント（ＰＩＭＣＯ）のポール・マカリー氏。また、ノーベル経済学賞を受賞した、日本でも人気のポール・クルーグマン氏が都度、ミンスキー博士を著書で紹介しています。ミンスキー博士は、金融を通常金融の他に、「ヘッジ金融」「投機的金融」「ポンツィ金融」に分類。ポンツィとは１９２０年代にボストンでねずみ講を組織した詐欺師の名前なのですが、ポンツィ金融の割合が高まれば高まるほど金融全体が不安定化すると指摘しています。猫組長さんがお話ししてくれたＳＫＲなどフェイクマネーがレバレッジをかけてながら、オフショアで膨張し続けるお話そのものです。

猫組長　リセットして最初に戻るしか安定性は実現しないということですね。

渡邉　世界が困っているのは、大規模リセットをする手段が今のところない点です。すべての社会システム、国際的な国家の枠組み、思想などを一斉に変えることができる一番の大規模リセットは戦争なのですが、大国が負けることがリセットの条件です。

例えば北朝鮮とアメリカを中心とした国連軍は、１９５３年に休戦したので、いまだに戦争中です。朝鮮戦争はベトナム戦争と同じ代理戦争ですから、これで北朝鮮が負けるとなると、今回は中国が負けたことになる。大国が負ける。それは一つのリセットとなり、新たな安定が始まるということなのです。

あとがき

私は石油ビジネスで得た巨額の金を超大国・アメリカに没収され、パレルモ条約で拘束されたことがある。本書で伝えたかったことは「ヤクザとオイルマネー」という言葉に留まらず、自身の経験を通じて知った、石油、ドル、武器、麻薬、テロ組織、国家、犯罪組織が国際金融を舞台に多層的に連鎖している現実である。

２０１７年は日本で共謀罪が成立した年であるが、これほど多くの反対意見が出てきたことに対して強い違和感を覚えている。対テロを目的とした法律であるのにもかかわらず、多くのメディアや知識人が言論封鎖や思想統制を目的としているかのように報じており、それに同調する市民も多数いたからだ。その状況で共謀罪に賛成と声を上げようものなら右翼どころか「ネトウヨ」扱いされるという魔女狩りのごとき状況だった。私の言論から私を保守のように思っている人は多い。思想とはロマンチシズムの一形態であり、私は合理性を追求するリアリストである。したがって、私は保守でもリベラルでもない。テロ資金と犯罪組織の断ち切れない連鎖を見てきた私にとって、共謀罪成立によるパレルモ条約締結は安全保障実現への極めて合理的な手段であると考えていることが賛成の理由に過ぎない。

そう考えた時に改めてわかったのは、海に囲まれた日本人は、少なくとも近代以降、海外勢力によるテロ被害にあったことがないという当たり前の事実だった。戦前であれば五・一五事件、二・二六事件はいずれも軍部のクーデター未遂ということでテロの範疇ではある。戦後であれば三菱重工爆破事件や、オウム真理教による地下鉄サリン事件もテロと言えるだろう。しかしこれらは自国民によるテロ。海外のテロは主に宗教対立を背景にしており、ユダヤ教、キリスト教、イスラム教という共にアブラハムを始祖とする三つ巴の恩讐が元になることがほとんどである。共謀罪に反対する人は罪なき市民の死を願う人たちなのかと誤解しそうになったが、なるほど多くの日本人がテロの本質を理解できないのは仕方がないことなのかも知れない。

人員の確保、武器の購入、逃走などを含めてテロを実行するために何より必要なのは金であるのだから、テロで儲ける人たちもいるということになる。テロを拡大させたものが紛争だとすれば、紛争はより多くの金を生むわけで、広大な殺人現場に寄生するのがマフィアなどの犯罪組織だ。一方で資金面を規制すれば犯罪組織が弱体化することは、日本における暴排条例でも明らかだろう。現に日本最大にして最強のヤクザ組織である六代目山口組でさえ、暴排条例以後３度も分裂しているのだ。国際社会においては犯罪組織が弱体化すれば、テロや紛争の抑止につながることは自明の理である。

では紛争の拡大版である戦争はどうか――いみじくも17年は北朝鮮とアメリカの緊張が高まり、日本も巻き込まれながら一触即発のチキンレースが行われている。ここでカギになるのは「石油」である。１９３０年代、日本に対してＡＢＣＤ包囲網と呼ばれる貿易制限が行われ石油が禁輸された。石油を手に入れるには武力侵攻しか手段がなくなった日本が突入したのが太平洋戦争だ。見送られたとはいえアメリカは北朝鮮に対して国連安保理に北朝鮮への石油の禁輸を提案した。まさに石油と戦争の関係を良く理解しているからである。本当に止めてしまえば北朝鮮には暴発の道しかないのだから、ロシアや中国などは石油を供給しつづける他ない。エネルギーとドルを得る北朝鮮の瀬戸際外交は、またも成功しそうである。

80年代のＢＣＣＩの不正事件や、そのＢＣＣＩを経由したイラン・コントラ事件のように国際社会の闇が明るみになることもある。そのＢＣＣＩがオフショアに存在した通り、犯罪収益が流れ込むのは常にオフショアである。膨張した金融経済は08年のリーマン・ショックで一時落ち着いたが、現在の国際金融はフェイクマネーがフェイクマネーを生み出しながら再び不安定な膨張へと向かっている。その膨張を呑み込みオフショアというブラックホールの再膨張が繰り返される。光さえ脱出不可能な国際金融の超重力場の中にあっては、数百億程度の黒い金の素性程度はなかったことになってしまうのだ。

本書執筆は『山口組分裂と国際金融』(徳間書店)でもご一緒させていただいた経済評論家の渡邉哲也氏の誘いによって成立したものであり、氏の質問や解説抜きに、本書が目指した複雑で壮大なテーマを原稿化することは不可能だったことは間違いない。渡邉氏の深い見識への敬意と、氏への深謝は満腔のものである。

2017年9月

猫組長

略歴

渡邉哲也　わたなべ・てつや

作家・経済評論家。1969年生まれ。日本大学法学部経営法学科卒業。貿易会社に勤務した後、独立。複数の企業運営などに携わる。大手掲示板での欧米経済、韓国経済などの評論が話題となり、2009年、『本当にヤバイ！欧州経済』（彩図社）を出版、欧州危機を警告し大反響を呼んだ。内外の経済・政治情勢のリサーチや分析に定評があり、さまざまな政策立案の支援から、雑誌の企画・監修まで幅広く活動を行っている。著書にベストセラーとなった『パナマ文書』『決裂する世界で始まる金融制裁戦争』（徳間書店）の他、『貧者の一票』（扶桑社）、『あと5年で銀行は半分以下になる』（ＰＨＰ研究所）、『メディアの敗北』（ワック）など多数。

猫組長　ねこくみちょう

元山口組系組長。評論家。兵庫県神戸市出身。大学を中退後、不動産会社に入社し、その後、投資顧問会社へ移籍。バブルの波に乗って順調に稼ぐも、バブル崩壊で大きな借金を抱える。このとき債権者の1人であった山口組系組長を頼ったことで、ヤクザとしての人生が始まり、仕手戦やインサイダー取引などを経験。山口組分裂直前、「ツイッター組長」として情報を発信し続けたことで話題となった。現在は引退して堅気になるが、金融や経済の裏事情に精通している。著書に『山口組分裂と国際金融』『「悪問」のすゝめ』（徳間書店）。『週刊ＳＰＡ！』で西原理恵子氏とともに『ネコノミクス宣言』を連載中。『現代ビジネス』への寄稿や、『ビートたけしのＴＶタックル』に出演するなど活躍の場を広げている。

ヤクザとオイルマネー
石油で250億円稼いだ元経済ヤクザが手口を明かす

第1刷　2017年9月30日

著　者　渡邉哲也　猫組長

発行者　平野健一

発行所　株式会社徳間書店
〒105-8055　東京都港区芝大門2−2−1
電話　編集(03)5403-4350／販売(048)451-5960
振替　00140-0-44392

印刷・製本　株式会社廣済堂

Printed in Japan
ISBN 978-4-19-864489-5